ISBN 978-1-332-37380-2
PIBN 10367228

1 MONTH OF
FREE
READING

at

www.ForgottenBooks.com

By purchasing this book you are eligible for one month membership to ForgottenBooks.com, giving you unlimited access to our entire collection of over 700,000 titles via our web site and mobile apps.

To claim your free month visit:

www.forgottenbooks.com/free367228

English
Français
Deutsche
Italiano
Español
Português

www.forgottenbooks.com

Mythology Photography **Fiction**
Fishing Christianity **Art** Cooking
Essays Buddhism Freemasonry
Medicine **Biology** Music **Ancient**
Egypt Evolution Carpentry Physics
Dance Geology **Mathematics** Fitness
Shakespeare **Folklore** Yoga Marketing
Confidence Immortality Biographies
Poetry **Psychology** Witchcraft
Electronics Chemistry History **Law**
Accounting **Philosophy** Anthropology
Alchemy Drama Quantum Mechanics
Atheism Sexual Health **Ancient History**
Entrepreneurship Languages Sport
Paleontology Needlework Islam
Metaphysics Investment Archaeology
Parenting Statistics Criminology
Motivational

CORNEILLE'S

Le Cid

Edited with Notes
and Vocabulary by

F. M. WARREN

D. C. HEATH AND COMPANY

BOSTON

PREFACE.

THIS edition of *Le Cid* aims especially at emphasizing its literary significance. For this reason it contains the articles written by Corneille in answer to his critics, and in which he judges his own work. The text follows that of the Marty-Laveaux edition (in the Hachette series of "Les Grands Écrivains de la France"), reproduced from Corneille's last revision of 1682. In volume iii. of this edition may be found the variants to the play, the lines of Castro's *Las Mocedades del Cid* which were more particularly imitated by Corneille, and an analysis of the Spanish drama.

The history of the French stage after 1550 and previous to 1630 is considered at length in E. Rigal's "Alexandre Hardy" (Paris, 1889). To understand the literary bearing of *Le Cid* and Corneille's dramatic ideas at the time, one should also consult the Spanish original (*Las Mocedades del Cid, primera parte,* edited by E. Mérimée, Toulouse, 1890). For historical data concerning the hero and his surroundings there is nothing more recent than R. Dozy's "Recherches sur l'histoire de l'Espagne" (third edition, Leyden, 1881). I can find no reliable account of the Cid's family.

iii

In the preparation of its notes this edition owes much to the two American editions of Professors Joynes and Scbele de Vere, and the French edition of Gustave Larroumet (Paris, Garnier Frères). The " Lexique " occasionally cited is the one compiled by Marty-Laveaux in volumes xi. and xii. of his edition. Many of the literary comments were suggested by the same scholar, by Scudéry's *Observations sur le Cid*, and by the Academy's *Sentiments* — both published in Marty-Laveaux' twelfth volume. References are also made to Voltaire's *Remarques sur le Cid*, included in his *Commentaires sur Corneille*, and to Sainte-Beuve's three articles on the play, in volume vii. of his " Nouveaux Lundis." The question of the unities of time and place in *Le Cid*, discussed in the Introduction, is argued more in detail in the *Modern Language Notes* for January, 1895, while for the rules of classical versification I am allowed to refer to Professor Eggert's Introduction to his edition of *Athalie* (D. C. Heath & Co.).

F. M. WARREN.

CleVeland, Ohio

INTRODUCTION.

I. LIFE OF CORNEILLE.

CORNEILLE'S life, apart from the performance and publica tion of his works, is but imperfectly known, owing to the lack of contemporaneous records and allusions. He was born at Rouen, capital of the old province of Normandy, on June 6, 1606. At his christening on June 9 he received the name of Pierre, after his father and godfather. He was educated in the Jesuit college (academy) at Rouen, and obtained in 1620 a prize for excellence. Choosing his father's profession, he next studied law, and was admitted to the bar on June 18, 1624. The office of attorney-general in the department of waters and forests was purchased by him on Dec. 16, 1628. The year following, Mondory, who, with a company of actors, was probably playing in Rouen, persuaded him to deliver to his troupe a comedy he had already written, and the season of 1629–30 saw the play produced in Paris, at the newly established Marais Theatre.

The success of this comedy, *Mélite*, confirmed Corneille in his purpose of writing for the stage, and led him to study the principles of dramatic art. While he continued to discharge his legal duties at Rouen, he frequently visited Paris to offer to Mondory some new play, or to mingle in the literary society of the capital. Occasional poetry in French and Latin bore witness to the beginning and progress of his reputation; and the great minister, Richelieu, employed him as collaborator in one of his dramatic enterprises, *La Comédie des Tuileries*, in 1635.

The divided life he thus lived before the production of *Le Cid*, at the end of 1636, seems to have almost ceased during the few years following that play, for he evidently remained at Rouen, busying himself with the defence of his drama, occupied with lawsuits, and saddened by family afflictions. Still, he must have been considering new theatrical ventures all this time, for in 1639 he read to a few friends at Paris his tragedy of *Horace*, and had it performed the next February. This piece was followed by several others in quick succession, all of which confirmed the success of *Le Cid*, and united in placing their author at the head of the playwrights of France.

In the spring of 1641 Corneille married Marie de Lampérière, daughter of a Norman official. A Latin poem by Ménage tells us that the very night of his wedding he came near dying of pneumonia. On Jan. 22, 1647, he was elected to the French Academy. Now the Fronde intervened and closed the theatres of Paris, thus giving Corneille the opportunity of winding up his affairs at Rouen. On March 18, 1650, he sold his office at the provincial court, but almost at the same time received another from the king, which occupied him until the winter following. From the beginning of 1651, however, he was entirely free from official cares. The effects of this leisure were seen in the appearance of new tragedies, in the publication of poems, and notably in the translation into verse of Thomas a Kempis' *Imitation of Jesus Christ*. This was a devout undertaking, long meditated, and finally occasioned by the failure of Corneille's tragedy, *Pertharite* (1652). For the next four years this translation filled up the greater part of his time. He remained at Rouen, and there acted as treasurer of his home parish.

But the arrival of Molière's company at Rouen in the summer of 1658, and the charms of the actress, Mme du Parc, called Corneille again to the delights of theatrical composition. *Œdipe*, acted in 1659, began a new series of tragedies, which ended with the failure of *Attila* (1667). In the meantime he had published (in 1660) an edition of his plays in three volumes, together with criticisms of each play (the " Examens ") and three essays on the laws and theories of dramatic art. He had been granted a royal pension in 1662, and in 1665 he had pub-lished a translation of poems written in honor of the Virgin. Possibly this same year he moved definitely to Paris.

A few years later Corneille appeared once more as a dra-matist. At the command of Madame (Henrietta of England), he composed a play on the love of Titus and Berenice. Racine had received a like order, and each author worked unknown to the other. Though at the public performance of the two pieces, in 1670, the younger poet won all the applause, Cor-neille continued to write for the stage for four years longer, until the downfall of *Suréna* (1674) brought his theatrical career to a final close. Domestic bereavement and financial distresses contributed in embittering the last ten years of his eventful life, and only a few laudatory and supplicating poems, addressed to the king, reminded the public of its former favor-ite. In 1682 he published the final revision of his works, and in the night of Sept. 30 — Oct. 1, 1684, he died at his house in rue d'Argenteuil, at Paris. He was buried at St. Roch the day following.

The personal appearance of the poet has often been noted, while a portrait by Charles Le Brun, painted in 1647, furnishes his most reliable likeness. His contemporaries complained of his decidedly ordinary presence and the neglect of his person. He was timid, though easily offended; his conversation was wearisome, and he always fell far below his actors in reciting his own works. It is a singular fact that he is reported never to have been able to speak French correctly. He was some-what self-sufficient, though no more so, perhaps, than his ge-nius warranted. He was avaricious, eager to make money, and yet he never succeeded in saving any. Of his six children four survived him. From his eldest, Marie, descended Charlotte Corday in the fourth generation.

II. LE CID.

THE thirtieth year of his age found Corneille already the leading playwright of the French capital. He had created by his own common-sense, dramatic instinct and the examples of Plautus and Terence, modern French comedy in verse, had tried his hand at bombastic tragi-comedy, and exercised his talent on tragedy, after the models of Seneca and the Greeks. Of all the kinds of theatrical composition in vogue in his day he had neglected only the pastoral, which was becoming an-tiquated, and the farce, which was too vulgar for his notice. He had demonstrated not only his capability as a constructor of plays, but had also proved his originality by the invention of new and simple plots. His vocabulary and versification were far superior to the times in refinement and harmony. They clearly showed the influence of Malherbe's criticism and the taste of a Conrart or Chapelain. Alexandre Hardy, who had grafted on the old national stage of France the new concep-tions of the Pleiade drama, had always remained a writer of the sixteenth century. After thirty years of labor at the Hôtel de Bourgogne he had passed away, just as Corneille was beginning at the Marais. But he had left as a permanent legacy the public he had formed and the scenery he had adapted.

Corneille had attained unquestioned success in comedy, but had failed in tragedy. His *Médée*, patterned too closely on the conceptions of Latin and Greek antiquity, had satisfied neither the public nor its author. Profiting by this check, he resolved to abandon the imitation of the ancients, and seek a subject among the national theatres of contemporaneous peo-ples. The Spanish stage, under the leadership of Lope de Vega, was then pre-eminent on the Continent. So Corneille learned Spanish, read many of the plays which had already been edited in Spain, and selected from among them that one which especially extolled the nation's hero. With the story of the love and deeds of the Cid he aspired to open a new era in the history of French drama.

In the last weeks of 1636 Corneille's *Cid* appeared on the boards of the Marais. Its author had taken some time for its preparation — possibly a year and a half — and Mondory, with his comedians, surpassed themselves in the magnificence of their costumes and the excellence of their acting. Corneille's rivals assert even that it was to their efforts the play owed its success. For it was a success beyond anything before known in France, a success instantaneous and universal. Day after day the theatre was crowded with the best people of the court and city. As Mondory wrote to the great Balzac, under date of Jan. 18, 1637: "Il (*le Cid*) est si beau qu'il a donné de l'amour aux dames les plus continentes, dont la passion a même plusieurs fois éclaté au théâtre public." Chapelain, and Corneille himself, both bear out Mondory in his statements, while Mairet claims that the play gained for Corneille's family their letters of nobility. An anonymous disputant in the quarrel which followed this success says that the receipts of *Le Cid* were greater than of ten of the best pieces of the other dramatists, while Pellisson, in his "History of the Academy," published sixteen years later, writes: "Il est malaisé de s'imaginer avec quelle approbation cette pièce fut reçue de la cour et du public. On ne se pouvait lasser de la voir, on n'entendait autre chose dans les compagnies, chacun en savait quelque partie par cœur, on la faisait apprendre aux enfants, et en plusieurs endroits de la France il était passé en proverbe de dire : ' Cela est beau comme *le Cid.*' "

III. QUARREL OF LE CID.

SUCH popularity and renown were enough of themselves to excite the jealousy of the dramatists, who, before the appearance of *Le Cid*, had shared with Corneille the honors of the stage, but who were now left far behind on the road to fame. The prime minister also took umbrage at its astonishing success, whether from literary envy, as has been charged, or from resentment at the independence Corneille had always manifested, or from a feeling that the great reputation earned by *Le Cid* for its author, together with its expressions of feudal rights and mediæval justice, had injured for the time his paramount influence in the state, and antagonized his work of political centralization. The edicts against duelling had just been promulgated, and here duelling was publicly eulogized.

Yet all these individual envies and distrusts might have remained smouldering had not Corneille, emboldened by the general applause, taken occasion to turn upon his old-time critics, and proclaim in his poem, *Excuse à Ariste*, both his disdain for them and his own originality. This production, which its author avers was written long before *Le Cid*, seems to have performed the office of a safety-valve to his long-repressed emotions. The culmination of his resentment for past indignities, whether inflicted by the court or by literary rivals, is seen in these lines ——

> Mon travail sans appui monte sur le théâtre :
> Chacun en liberté l'y blâme ou l'idolâtre ;
> Là, sans que mes amis prêchent leurs sentiments,
> J'arrache quelquefois trop d'applaudissements ;
> Là, content du succès que le mérite donne,
> Par d'illustres avis je n'éblouis personne :
> Je satisfais ensemble et peuple et courtisans,
> Et mes vers en tous lieux sont mes seuls partisans ;
> Par leur seule beauté ma plume est estimée :
> Je ne dois qu'à moi seul toute ma renommée,
> Et pense toutefois n'avoir point de rival
> A qui je fasse tort en le traitant d'égal.

Here we may find a considerable dose of vainglory, and no small amount of anger for the neglect shown him by the court; in all more than enough to unite the despised dramatists and the suspicious premier together in a common assault on the presumptuous author of this rhymed satire.

Evidently an alliance between the offended parties was quickly formed after the publication of the *Excuse*, because the poets who were high in the Cardinal's favor led off in anonymous attacks. The first came from Mairet, then residing at Le Mans, and was circulated in manuscript at Paris by his friend Claveret. This libel was a pretended demand from the Spanish poet on Corneille for the property stolen from him in *Le Cid*. Corneille answered in an indignant rondeau, which met with a reply signed openly by Mairet.

The assailants were now re-enforced from another quarter. Scudéry, who had been on good terms with Corneille hitherto, but who was a creature of Richelieu's, came forward with his alleged impartial and scholarly *Observations sur le Cid*, the original title of which, *Les Fautes remarquées en la tragi-comédie du Cid*, explains the nature of the contents. They were entirely condemnatory, antagonistic to the highest degree. The pamphlet must have had a large circulation, for it went through three editions in the year 1637. After alluding to Corneille's arrogance in the *Excuse à Ariste*, Scudéry disclaims any personal enmity, but says he will combat *Le Cid* only. And he states his captions: "Je prétends donc prouver contre cette pièce du *Cid :* —

> Que le sujet ne vaut rien du tout ;
> Qu'il choque les principales règles du poème dramatique ;
> Qu'il manque de jugement en sa conduite ;
> Qu'il a beaucoup de méchants vers ;
> Que presque tout ce qu'il a de beautés sont dérobées ;
> Et qu'ainsi l'estime qu'on en fait est injuste."

The substance of Scudéry's remarks is that the subject of *Le Cid* lacks probability and dignity, that it is against good breeding and family feeling, that the action is too hurried to be natural, and that it contains digressive episodes. He admits, however, that the versification of *Le Cid* is the best Corneille had written, though hardly perfect enough to justify the ines of the *Excuse à Ariste*.

Corneille returns Scudéry's diatribe with a most sarcastic defence, implying that his opponent's wrath was excited by an anonymous criticism, which he had erroneously attributed to Corneille. Other answers to *Les Fautes* were printed by admirers of *Le Cid*, while its enemies gained an ally in the person of Claveret. To circulate all these pamphlets the colporters of the official *Gazette* were pressed into service, and they hawked the literary war about the streets and bridges of Paris, until no educated man in the capital could have been ignorant of its virulence.

All these measures, however, in no way affected the favor with which *Le Cid* was still received, and Scudéry, covertly supported by Richelieu, was forced to demand of the newly formed Academy an authoritative opinion on the matter. This body naturally demurred, but Richelieu's will was law, and after some negotiations with Corneille a committee of three was appointed to consider *Le Cid* as a whole (June 16, 1637). Its verse would be passed upon by all the members acting together. After some delay a report, based on Scudéry's *Observations*, was drawn up by Chapelain and submitted to Richelieu, who favored it with comments in his own handwriting. The manuscript then underwent several revisions, was finally sent to press, and the proof-sheets submitted to the Cardinal. The latter objected to so favorable a showing for Corneille, and the work was done over. At last, on Nov. 23, 1637, the new manuscript was given to the printer, and it appeared early in 1638, under the title of *Sentiments de l'Académie française sur le Cid*. But by this time the quarrel had spent itself. The impartial citizens of the town had had their say, and Mairet, who alone tried to continue the struggle, had been silenced by a command from Richelieu, delivered on Oct. 6, 1637. So when the Academy's *Sentiments* were ready for the public, the public had lost interest in their contents.

And, indeed, they added nothing new to the question, while their manifest intention to please both sides robbed them of any weight. Corneille derived some benefit from them in the matter of language and versification, and lost also in the same directions. They dwell at length on the precepts of Aristotle and the standards established by the theatre of the Greeks, and ascribe to the philosopher the following rule on the duration of the time of the action: "A la vérité, Aristote a prescrit le temps des pièces de théâtre, et n'a donné aux actions qui en font le sujet que l'espace compris entre le lever et le coucher du soleil." They conclude as follows: "Enfin nous concluons qu'encore que le sujet du *Cid* ne soit pas bon, qu'il pèche dans son dénouement, qu'il soit chargé d'épisodes inutiles, que la bienséance y manque en beaucoup de lieux, aussi bien que la bonne disposition du théâtre, et qu'il y ait beaucoup de vers bas et de façons de parler impures, néanmoins la naïveté et la véhémence de ses passions, la force et la délicatesse de plusieurs de ses pensées, et cet agrément inexplicable qui se mêle dans tous ses défauts, lui ont acquis un rang considérable entre les poèmes français de ce genre qui ont le plus donné de satisfaction." From all these phrases, which are more or less sincere, there stands out one, "et cet agrément inexplicable qui se mêle dans tous ses défauts," which best conveys to the mind of the reader of to-day the charm that the romantic verses of *Le Cid* exercised over the Parisians of the year 1637.

IV. THE UNITIES IN LE CID.

How far Corneille was affected in his future dramatic work by the public attacks of Scudéry and Mairet, and the pedantic judgment of the Academy, does not clearly appear from the evidence available. It has been assumed by the great critics of all subsequent literary schools, Guizot, Sainte-Beuve, Nisard, and the rest, that his enemies succeeded in turning him away from his chosen road of subject and construction, and drove him into the narrow path he afterwards followed. Yet so far as his own words show this does not seem to have been the case. The prefaces he published during the time of the quarrel, and his letters to Boisrobert on the proposed judgment of the Academy, proceed rather from a resentful than a submissive spirit. He thinks that the public will not be of the same mind as the Academy, and sums up his view of the play with this sentence : "*Le Cid* sera toujours beau, et gardera sa réputation d'être la plus belle pièce qui ait paru sur le théâtre, jusques à ce qu'il en vienne une autre qui ne lasse point les spectateurs à la trentième fois."

The main fault found with *Le Cid* by these self-appointed critics lay in the nature of its subject, which was too romantic to be confined within the limits allowed by the rules of the classical stage. De Castro had placed an interval of perhaps a year and a half between the death of the count and the betrothal (and immediate wedding) of the lovers. Corneille reduced it to the period of twenty-four hours, and thus earned for his drama the epithets of "inhuman" and "improbable." It was his anxiety to observe the rules which had led him to this pass.

So in regard to the unity of place, the Spanish drama moved freely over a good share of northern Spain. Corneille compels his to remain within the walls of a single city. But the variety of his episodes does not admit of a strict unity of place, and so, in his desire to make concessions to the classicists, he invents a compromise by means of the fixed scenery in vogue at the time. He would have his characters come out of their respective abodes (indicated by the fixed, multiplex scenery) and stand in the centre of the stage. The audience was asked to consider them as still in their own apartments, or in the central space, according to the real locality of the events presented. Such a notion gave an excuse to Scudéry to complain of the indefiniteness of the setting, and compelled the Academy to admit that "la bonne disposition du théâtre" was somewhat impaired. Besides, the admission of the nobility to seats on the stage, as we learn from Mondory's letter to Balzac, must have hindered the movements of the actors and restricted them to practically one spot. All these points of construction are discussed by Corneille in his "Examen" to the play. He admits the justice of the criticisms, while at the same time defending his theory. But it resulted in his renouncing his invention for unity of place, as he had renounced his compromise for unity of time — a day for each act (see *La Veuve* and *La Galerie du Palais*). His later plays transgressed but slightly the assumed rules of Aristotle.

Unity of action in *Le Cid* is broken in upon only by the Infanta's part, which is a survival of a more extended *rôle* in the Spanish original.

While, then, so far as the unities are concerned, it may be doubted whether the hostility of the critics influenced Corneille in his steady progress towards the full adoption of all three, it must be considered probable that in his choice of subjects he was seriously affected by their ill-will. The purpose he formed in writing *Le Cid* was evidently to put on the stage the representation of life in its wider relations, and picture the varied emotions of pride, honor, love, duty, which actuate man in his daily existence. To this end he would invent a stage where theatrical fiction would allow everything to happen. In other words he desired to confine a romantic theme having manifold bearings, both ideal and realistic in their nature, within the limits of a classical construction which has to deal with but one event and one emotion. The scheme was bound to break down in the long run, whatever the reception it might have been accorded in exceptional instances. An untrammelled theatre was necessary to so broad a design. Twenty-four hours are too short for more than one great crisis, while a single locality, however indefinite and conventional, cannot suffice for many and varied episodes. So Corneille yielded to the inevitable, since he could not bring himself to antagonize his environment nor belie his previous record, and gave up for good the employment of general subjects. This much may be laid at the door of his critics — or perhaps more fittingly at the door of his own intuitive or acquired notions of dramatic art.

V. PLAN AND VERSIFICATION.

IT is hardly necessary to speak of the plan and versification of *Le Cid.* It followed Corneille's previous plays in observing the equilibrium of acts, and in connecting the scenes by sight or word of mouth. Occasionally, however, especially in the first act, he does not connect them at all. He has shortened the soliloquies, made them less frequent, and deprived them of the raving which was the delight of the audiences educated under Hardy. He would have done away with them altogether had not his actors insisted on them, as he testifies later on in his "Examen" of the play. The "stances," recited by Rodrigue, and repeated by the Infanta, may be considered as the legacy of the lyric strains of the Pleiade choruses, though hymns and songs were often employed to interrupt the monotony of the national miracle plays. Whatever their origin, Corneille liked them, and retained them so long as he could (see note for Act I. Sc. 6 of *Le Cid*).

His verse is the alexandrine, divided generally at the sixth syllable, but following no iron-clad rule. Consequently other cesuras occur, and overflow verse is not unknown. His rhyme is often rich, but rarely affectedly so. Wherein *Le Cid* was a revelation to the Parisians of 1636 may be seen in its choice of language and the harmony of its lines. In previous plays harmonious verse and noble expression had coincided more than once, yet continued to be the exception. But in *Le Cid* they were the rule, almost entirely supplanting the linguistic conceits so much in favor at the time. The Academy, to be sure, found much to censure (oftentimes rightfully), and it is probable that the actors had suggested many modifications before the public performances took place. At least so Scudéry asserts in his appeal to the Academy.

From all these critics, friendly and hostile, Corneille must have received much assistance in polishing his verse. Yet what constitutes to modern ears its greatest drawback did not, however, apparently appeal to contemporaries. We object to the recurrence of set expressions, to the frequency of the same rhyme words; but the *âme — flamme* of lines 5–6 reappears at almost regular intervals throughout the whole play, while *vie — envie*, which begins with lines 185–186, is repeated not less than six times within the one thousand verses following. Only less frequent is the repetition of *guerriers — lauriers* (lines 31–32, etc.) and *honneur — bonheur* (lines 143–144). *Honte — Comte* (lines 249–250) is found more than once, as is also *cède — possède*, and even *Chimène — peine*.

Certain seeming peculiarities of rhyme in *Le Cid* are due to antiquated pronunciation, while to the same cause may be attributed the one syllable of *hier*, the three of *meurtrier*, and the one of *fui*, where such contractions or expansions are necessary to preserve the proper limits of the verse.

Still, the flaws in the style of *Le Cid* are but few after all. Corneille was an artist and a poet, and he carried into his dramatic work his instincts of poet and artist. His expressions, though refined above what he had used before, are still picturesque in many places, while his vocabulary shows but few traces of that eliminating process which was being championed by the leading critics of the day. To be sure, we must not forget that he called *Le Cid* a "tragi-comedy" at first, and not a "tragedy." The latter title does not appear until the edition of 1648. And the nature of the plot, and its happy solution, may have had some influence on the construction and language of the play, an influence in favor of greater freedom.

But after all concessions have been made, and due allowance meted out to Corneille's literary environment — whether this environment were beneficial or injurious in its influence on his dramatic ideals — we must still admit that the principal element in the development of his drama is his own talent and innate genius. Corneille was a leader of men, not a follower. He was capable of self-criticism, he was independent in thought and action, and the changes in his views of theatrical art proceeded as much from within as from without. According to the testimony of his own words he contributed to the shaping of tragedy and comedy in France, both by example and precept. Far from being a victim of his rivals, or a prey to the purists, he was confessedly the most powerful personality in literature — at least in theatrical literature — from the passing of Hardy to the coming of Molière. The conclusion then is forced upon us that French classical tragedy and comedy became what they are, not in spite of Corneille, but because of him. He had always confessed the authority of the rules, even in his earliest productions, and *Le Cid*, notwithstanding its romantic subject, was in itself a long step towards the adoption of the dramatic standards of Seneca and the Pleiade.

VI. HISTORY AND LEGEND.

THE Cid was a historical character, Rodrigo (or Ruy) Diaz de Bivar, and is first mentioned in a diploma of 1064 given by Ferdinand I. of Castile and Leon. Before this date he was celebrated as a warrior. In 1071 he was the commander of the army of Sancho II. of Castile, and aided him against his sisters, Urraca and Elvira. On Sancho's death in 1072, the Cid became a subject of Alphonso VI. of Castile and Leon. On July 17, 1074, he married Ximena, daughter of Diego, Count of Oviedo, and a relative of the king. He led the royal troops in many campaigns, but was finally accused of embezzling, and was dismissed from service in 1081. Becoming now a freebooter, he enlisted many mercenaries, made alliances with Moors and Christians, and won much territory from the former. His frequent forays probably gained for him the title of Campeador. In 1090 Alphonso seized his wife and children, but

released them later on. After defeating and capturing Berengar, Count of Barcelona, he became master of Valencia in
1094. His power now was equal to that of a hereditary king;
but in 1099 he was defeated by the Moors, and in July of that
year he died. His wife, Ximena, had him buried at San Pedro
de Cardeña, near Burgos.

Legend has transformed this border ruffian, who sold his
might to Christian and infidel alike, into a national hero, a defender of the faith. The transformation took place with wonderful rapidity. Even in his lifetime a Latin poem in his
honor seems to have been written, and within fifty years after
his death he was the theme of popular song. The almost epic
Poema del Cid, which dates from towards 1150. seems to have
been based on shorter poetical narratives, previously existing.
It begins with the exile of 1081, relates the expeditions against
the Moors, Count Berengar and Valencia, the bestowal of his
daughters, in obedience to the king, on the Infants of Carrion,
their sufferings at the hands of their brutal and cowardly hus-
bands, the dissolution of their marital bonds, and their subsequent happy union with the Infants of Navarre and Aragon.
It is the story of a loyal subject unjustly accused by his sovereign, a champion of Christianity, the terror of Moslems and
Jews.

The *Cronica rimada*, a poetical narrative of the middle of
the thirteenth century, dwells on the early years of the hero,
his ancestry, his quarrel with Gormas, and his espousal in later
years of his enemy's daughter, Ximena, at the king's command.
Here the Cid is a modest and retiring soldier, disclaiming all
desire to rise above his station. Various other documents
attest his popularity, notably the *Cronica general* of Alphonso
the Wise, written before 1260, which reflects the songs of the
border ballads in the part relating to Rodrigo's career. This
chronicle, in its turn, gave rise to later romances, more literary
in character.

So great was the mass of popular songs celebrating the

nation's heroes and crusades against the Arabs, that at the beginning of the sixteenth century it was found advisable to
collect and publish them. A "Cancionero general" appeared
in 1511 at Valencia, was received with favor, enlarged and re-
edited, and led to the composition of other ballad books. Out
of all these collections the "Romancero general" of 1600 was
constructed, which in turn was subdivided into various smaller
compilations, such as the "Romancero del Cid"of 1612. From
the "Romancero general" and scattered publications of romances, perhaps also from oral tradition, Guillen de Castro, a
Valencian nobleman, poet, and dramatist (1569–1631) took the
material for his play *Las Mocedades del Cid*, in three acts or
"days," and divided into a large number of scenes. This
drama was written before 1610, but Corneille found it in an
edition of 1621. It was followed by a sequel called Part II.,
or by its own title, *Las Hazañas del Cid*. The first play nar-
rates the leading episodes of Rodrigo's career from his knight-
ing to his marriage. Its author has reduced the traditions to
a somewhat regular plot, though he has retained many extra-
neous episodes, which interrupt the progress of the principal
action —the love of Rodrigo for Ximena and their struggles
between duty and honor. Castro is fond of his ballads, and
quotes no less than twenty of them, embodying their very lines
and stanzas in his piece. Corneille took the Spanish play,
simplified it still more, changed some of its characters, left
out many episodes, and reduced it to regular proportion.
No clearer conception of the ideals of the French drama at
this time can be gained than by a comparison of *Le Cid* with
Las Mocedades del Cid.

ÉPÎTRE.

À MADAME DE COMBALET.[1]

MADAME,

Ce portrait vivant que je vous offre représente un
héros assez reconnaissable aux lauriers dont il est couvert.
Sa vie a été une suite continuelle de victoires, son corps
porté dans son armée a gagné des batailles après sa
mort,[2] et son nom au bout de six cents ans vient encore
de triompher en France. Il y a trouvé une réception
trop favorable pour se repentir d'être sorti de son pays,
et d'avoir appris à parler une autre langue que la sienne.
Ce succès a passé mes plus ambitieuses espérances, et
m'a surpris d'abord, mais il a cessé de m'étonner depuis
que j'ai vu la satisfaction que vous avez témoignée, quand
il a paru devant vous ; alors j'ai osé me promettre de lui
tout ce qui en est arrivé, et j'ai cru qu'après les éloges
dont vous l'avez honoré, cet applaudissement universel
ne lui pouvait manquer. Et véritablement, MADAME, on
ne peut douter avec raison de cc que vaut une chose qui
a le bonheur de vous plaire : le jugement que vous en
faites est la marque assurée de son prix ; et comme vous
donnez toujours libéralement aux véritables beautés l'estime qu'elles méritent, les fausses n'ont jamais le pouvoir
de vous éblouir. Mais votre générosité ne s'arrête pas à
des louanges stériles pour les ouvrages qui vous agréent,
elle prend plaisir à s'étendre utilement sur ceux qui les
produisent, et ne dédaigne point d'employer[3] en leur faveur
ce grand crédit que votre qualité et vos vertus vous ont

acquis.   J'en ai ressenti des effets qui me sont trop avan
tageux pour m'en taire, et je ne vous dois pas moins de
remerciements pour moi que pour *le Cid.*   C'est une reconnaissance qui m'est glorieuse, puisqu'il m'est impossible de publier que je vous ai de grandes obligations,
sans publier en même temps que vous m'avez assez estimé
pour vouloir que je vous en eusse.   Aussi, MADAME, si
je souhaite quelque durée pour cet heureux effort de
ma plume, ce n'est point pour apprendre mon nom à la
postérité, mais seulement pour laisser des marques éter-
nelles de cc que je vous dois, et faire lire à ceux qui
naîtront dans les autres siècles la protestation que je fais
d'être toute ma vie,

MADAME,

Votre très-humble, très-obéissant

et très-obligé serviteur,

CORNEILLE.

AVERTISSEMENT.

MARIANA.[1]

Lib IV. (read IX.), de la *Historia d'España*, cap. V°.

" Avia pocos dias[2] antes hecho campo con don Gomez conde de Gormaz. Vencióle y dióle la muerte. Lo que resultó deste caso, fué que casó con doña Ximena, hija y heredera del mismo conde. Ella misma requirió al Rey que se le diese por marido, ca estaba muy prendada de sus partes, ó le castigase conforme á las leyes, por la muerte que dió á su padre. Hizóse el casamiento, que á todos estaba á cuento, con el qual por el gran dote de su esposa, que se allegó al estado que el tenia de su padre, se aumentó en poder y riquezas."

Voilà ce qu'a prêté l'histoire à D. Guillen de Castro, qui a mis ce fameux événement sur le théâtre avant moi. Ceux qui entendent l'espagnol y remarqueront deux circonstances : l'une, que Chimène ne pouvant s'empêcher de reconnaître et d'aimer les belles qualités qu'elle voyait en don Rodrigue, quoiqu'il eût tué son père (*estaba prendada de sus partes*), alla proposer elle-même au Roi cette généreuse alternative, ou qu'il le lui donnât pour mari, ou qu'il le fît punir suivant les lois ; l'autre, que se mariage se fit au gré de tout le monde (*á todos estaba á cuento*). Deux chroniques du Cid[3] ajoutent qu'il fut célébré par l'archevêque de Séville, en présence du Roi et de toute sa cour ; mais je me suis contenté du texte de l'his-

torien, parce que toutes les deux ont quelque chose qui
sent le roman, et peuvent ne persuader pas davantage
que[1] celles que nos Français ont faites de Charlemagne et
de Roland.[2] Ce que j'ai rapporté de Mariana suffit pour
faire voir l'état qu'on fit de Chimène et de son mariage
dans son siècle même, où elle vécut en un tel éclat, que
les rois d'Aragon et de Navarre[3] tinrent à honneur d'être
ses gendres, en épousant ses deux filles. Quelques-uns
ne l'ont pas si bien traitée dans le nôtre; et sans parler de
ce qu'on a dit de la Chimène du théâtre, celui qui a com-
posé l'histoire d'Espagne en français[4] l'a notée[5] dans son
livre de s'être tôt et aisément consolée de la mort de son
père, et a voulu taxer de légèreté une action qui fut im-
putée à grandeur de courage par ceux qui en furent les
témoins. Deux romances espagnols, que je vous donnerai
ensuite de cet *Avertissement*, parlent encore plus en sa
faveur. Ces sortes de petits poèmes sont comme des
originaux décousus de leurs anciennes histoires; et je
serais ingrat envers la mémoire de cette héroïne, si, après
l'avoir fait connaître en France, et m'y être fait connaître
par elle, je ne tâchais de la tirer de la honte qu'on lui a
voulu faire, parce qu'elle a passé par mes mains. Je vous
donne donc ces pièces justificatives de la réputation où
elle a vécu, sans dessein de justifier la façon dont je l'ai
fait parler français. Le temps l'a fait pour moi, et les
traductions[6] qu'on en a faites en toutes les langues qui
servent aujourd'hui à la scène, et chez tous les peuples
où l'on voit des théâtres, je veux dire en italien, flamand
et anglais, sont d'assez glorieuses apologies contre tout
ce qu'on en a dit. Je n'y ajouterai pour toute chose qu'environ une douzaine de vers espagnols qui semblent faits
exprès pour la défendre. Ils sont du même auteur qui
l'a traitée avant moi. D. Guillen de Castro, qui, dans une

autre comédie qu'il intitule *Engañarse engañando*,[1] fait dire
à une princesse de Béarn[2] : —

> A mirar[8]
> bien el mundo, que el tener
> apetitos que vencer,
> y ocasiones que dexar,
>   Examinan el valor
> en la muger, yo dixera
> lo que siento, porque fuera
> luzimiento de mi honor.
>   Pero malicias fundadas
> en honras mal entendidas,
> de tentaciones vencidas
> hacen culpas declaradas :
>   Y asi, la que el desear
> con el resistir apunta,
> vence dos veces, si junta
> con el resistir el callar.

C'est, si je ne me trompe, comme agit Chimène dans
mon ouvrage, en présence du Roi et de l'Infante. Je dis
en présence du Roi et de l'Infante, parce que quand elle
est seule, ou avec sa confidente, ou avec son amant, c'est
une autre chose. Ses mœurs sont inégalement égales,[4]
pour parler en termes de notre Aristote, et changent
suivant les circonstances des lieux, des personnes, des
temps et des occasions, en conservant toujours le même
principe.

Au reste, je me sens obligé de désabuser le public de
deux erreurs qui s'y sont glissées touchant cette tragédie.
La première est[5] que j'aie convenu de juges touchant son
mérite, et m'en sois rapporté au sentiment de ceux qu'on
a priés d'en juger. Je m'en tairais encore, si ce faux
bruit n'avait été jusque chez M. de Balzac[6] dans sa province, ou, pour me servir de ses paroles mêmes, dans son

désert, et si je n'avais vu depuis peu les marques dans cette admirable lettre qu'il a écrite sur ce sujet, et qui ne fait pas la moindre richesse des deux derniers trésors[1] qu'il nous a donnés. Or comme tout ce qui part de sa plume regarde toute la postérité, maintenant que mon nom est assuré de passer jusqu'à elle dans cette lettre incomparable, il me serait honteux qu'il y passât avec cette tache, et qu'on pût à jamais me reprocher d'avoir compromis de[2] ma réputation. C'est une chose qui jusqu'à présent est sans exemple; et de tous ceux qui ont été attaqués comme moi, aucun que je sache n'a eu assez de faiblesse pour convenir d'arbitres avec ses censeurs; et s'ils ont laissé tout le monde dans la liberté publique d'en juger, ainsi que j'ai fait, ç'a été sans s'obliger, non plus que moi, à en croire personne; outre que dans la conjoncture où étaient lors les affaires du *Cid*, il ne fallait pas être grand devin pour prévoir ce que nous en avons vu arriver. A moins que d'être tout à fait stupide, on ne pouvait pas ignorer que comme les questions de cette nature ne concernent ni la religion, ni l'État, on en peut décider par les règles de la prudence humaine, aussi bien que par celles du théâtre, et tourner sans scrupule[3] le sens du bon Aristote du côté de la politique. Ce n'est pas que je sache si ceux qui ont jugé du *Cid* en ont jugé suivant leur sentiment ou non, ni même que je veuille dire qu'ils en aient bien ou mal jugé, mais seulement que ce n'a jamais été de mon consentement qu'ils en ont jugé, et que peut-être je l'aurais justifié sans beaucoup de peine, si la même raison qui les a fait parler ne m'avait obligé à me taire. Aristote ne s'est pas expliqué si clairement[4] dans sa *Poétique*, que nous n'en puissions faire ainsi que les philosophes, qui le tirent chacun à leur parti dans leurs opinions contraires; et comme c'est un pays inconnu pour beaucoup de monde, les plus zélés partisans du *Cid* en ont cru ses censeurs sur leur parole, et se sont imaginés avoir pleinement satisfait à toutes leurs objections, quand ils ont soutenu qu'il importait peu qu'il fût selon les règles d'Aristote, et qu'Aristote en avait fait pour son siècle et pour des Grecs, et non pas pour le nôtre et pour des Français.

Cette seconde erreur, que mon silence a affermie, n'est pas moins injurieuse à Aristote qu'à moi. Ce grand homme a traité la poétique avec tant d'adresse et de jugement, que les préceptes qu'il nous en a laissés sont de tous les temps et de tous les peuples ; et bien loin de s'amuser au détail des bienséances et des agréments, qui peuvent être divers selon que ces deux circonstances sont diverses, il a été droit aux mouvements de l'âme, dont la nature ne change point. Il a montré quelles passions la tragédie doit exciter dans celles de ses auditeurs ; il a cherché quelles conditions sont nécessaires, et aux personnes qu'on introduit, et aux événements qu'on représente, pour les y faire naître ; il en a laissé des moyens qui auraient produit leur effet partout dès la création du monde, et qui seront capables de le produire encore partout, tant qu'il y aura des théâtres et des acteurs ; et pour le reste, que les lieux et les temps peuvent changer, il l'a négligé, et n'a pas même prescrit le nombre des actes, qui n'a été réglé que par Horace[1] beaucoup après lui.

Et certes, je serais le premier qui condamnerais *le Cid*, s'il péchait contre ces grandes et souveraines maximes que nous tenons de ce philosophe ; mais bien loin d'en demeurer d'accord, j'ose dire que cet heureux poème n'a si extraordinairement réussi que parce qu'on y voit les deux maîtresses conditions (permettez-moi cet épithète)[2] que demande ce grand maître aux excellentes tragédies,

et qui se trouvent si rarement assemblées dans un même
ouvrage, qu'un des plus doctes commentateurs[1] de ce divin
traité qu'il en a fait, soutient que toute l'antiquité ne les
a vues se rencontrer que dans le seul *Oedipe.* La première est que celui qui souffre et est persécuté ne soit ni
tout méchant ni tout vertueux, mais un homme plus
vertueux que méchant, qui par quelque trait de faiblesse
humaine qui ne soit pas un crime, tombe dans un malheur qu'il ne mérite pas ; l'autre, que la persécution et le
péril ne viennent point d'un ennemi, ni d'un indifférent,
mais d'une personne qui doive aimer celui qui souffre
et en être aimée.   Et voilà, pour en parler sainement, la
véritable et seule cause de tout le succès du *Cid*, en qui
l'on ne peut méconnaître ces deux conditions, sans s'aveugler soi-même pour lui faire injustice.   J'achève donc en
m'acquittant de ma parole ; et après vous avoir dit en
passant ces deux mots pour *le Cid* du théâtre, je vous
donne, en faveur de la Chimène de l'histoire, les deux
romances que je vous ai promis.

J'oubliais[2] à vous dire que quantité de mes amis ayant
jugé à propos que je rendisse compte au public de ce
que j'avais emprunté de l'auteur espagnol dans cet ouvrage, et m'ayant témoigné le souhaiter, j'ai bien voulu
leur donner cette satisfaction.   Vous trouverez donc tout
ce que j'en ai traduit imprimé d'une autre lettre,[3] avec
un chiffre au commencement, qui servira de marque de
renvoi pour trouver les vers espagnols au bas de la
même page.   Je garderai ce même ordre dans *la Mort
de Pompée*, pour les vers de Lucain, ce qui n'empêche-
ra pas que je ne continue aussi ce même changement
de lettre toutes les fois que nos acteurs rapportent
quelque chose qui s'est dit ailleurs que sur le théâtre,
où vous n'imputerez rien qu'à moi si vous n'y voyez ce

chiffre pour marque, et le texte d'un autre auteur au
dessous.

ROMANCE PRIMERO.[1]

Delante el rey de Leon
doña Ximena una tarde
se pone á pedir justicia
por la muerte de su padre.
Para contra el Cid la pide,
don Rodrigo de Bivare,
que huerfana la dexó,
niña, y de muy poca edade.
Si tengo razon, ó non,
bien, Rey, lo alcanzas y sabes,
que los negocios de honra
no pueden disimularse.
Cada dia que amanece,
veo al lobo de mi sangre,
caballero en un caballo,
por darme mayor pesare.
Mandale, buen rey, pues puedes,
que no me ronde mi calle:
que no se venga en mugeres
el hombre que mucho vale.
Si mi padre afrentó al suyo,
bien ha vengado á su padre,
que si honras pagaron muertes,
para su disculpa basten.
Encomendada me tienes,
no consientas que me agravien,
que el que á mi se fiziere,
á tu corona se faze.
—Calledes, doña Ximena,
que me dades pena grande,
que yo daré buen remedio
para todos vuestros males.
Al Cid no le he de ofender,
que es hombre que mucho vale,

y me defiende mis reynos,
y quiero que me los guarde.
   Pero yo faré un partido
con él, que no os esté male,
de tomalle la palabra
para que con vos se case.
   Contenta quedó Ximena
con la merced que le faze,
que quien huerfana la fizo
aquesse mismo la ampare.

ROMANCE SEGUNDO.[1]

   A Ximena y á Rodrigo
prendió el Rey palabra y mano,
de juntarlos para en uno
en presencia de Layn Calvo.[2]
   Las enemistades viejas
con amor se conformaron,
que donde preside el amor
se olvidan muchos agravios.

    .   .   .   .   .

   Llegaron juntos los novios,
y al dar la mano, y abraço,
el Cid mirando á la novia,
le dixó todo turbado:
   Maté á tu padre, Ximena,
pero no á desaguisado,
matéle de hombre á hombre,
para vengar cierto agravio.
   Maté hombre, y hombre doy;
aqui estoy á tu mandado,
y en lugar del muerto padre
cobraste un marido honrado.
   A todos pareció bien;
su discrecion alabaron,
y así se hizieron las bodas
de Rodrigo el Castellano.

EXAMEN.[1]

Ce poème a tant d'avantages du côté du sujet et des pensées brillantes dont il est semé, que la plupart de ses auditeurs n'ont pas voulu voir les défauts de sa conduite,[2] et ont laissé enlever leurs suffrages au plaisir[3] que leur a donné sa représentation. Bien que ce soit celui de tous mes ouvrages réguliers où je me suis permis le plus de licence, il passe encore pour le plus beau auprès de ceux qui ne s'attachent pas à la dernière sévérité des règles ; et depuis cinquante ans[4] qu'il tient sa place sur nos théâtres, l'histoire ni l'effort de l'imagination n'y ont rien fait voir qui en aie effacé l'éclat. Aussi[5] a-t-il les deux grandes conditions que demande Aristote aux tragédies parfaites, et dont l'assemblage se rencontre si rarement chez les anciens ni[6] chez les modernes ; il les assemble même plus fortement et plus noblement que les espèces que pose ce philosophe. Une maîtresse[7] que son devoir force à poursuivre la mort de son amant, qu'elle tremble d'obtenir, a les passions plus vives et plus allumées que tout ce qui peut se passer entre un mari et sa femme, une mère et son fils, un frère et sa soeur ; et la haute vertu dans un naturel sensible à ces passions, qu'elle dompte sans les affaiblir, et à qui elle laisse toute leur force pour en triompher plus glorieusement, a quelque chose de plus touchant, de plus élevé et de plus aimable que cette médiocre bonté, capable d'une faiblesse, et même d'un crime, où nos anciens étaient contraints d'arrêter le caractère le plus parfait des rois et des princes dont ils

faisaient leurs héros, afin que ces taches et ces forfaits,
défigurant cc qu'ils leur laissaient de vertu, s'accommodât[1]
au goût et aux souhaits de leurs spectateurs, et fortifiât
l'horreur qu'ils avaient conçue de leur domination et de
la monarchie.

Rodrigue suit ici son devoir sans rien relâcher de sa
passion ; Chimène fait la même chose à son tour, sans
laisser ébranler son dessein par la douleur où elle se voit
abîmée par là ; et si la présence de son amant lui fait
faire quelque faux pas, c'est une glissade dont elle se
relève à l'heure même ; et non seulement elle connaît si
bien sa faute qu'elle nous en avertit, mais elle fait un
prompt désaveu de tout ce qu'une vue si chère lui a pu
arracher.   Il n'est point besoin qu'on lui reproche qu'il
lui est honteux de souffrir l'entretien de son amant après
qu'il a tué son père ; elle avoue que c'est la seule prise
que la médisance aura sur elle.   Si elle s'emporte jusqu'à
lui dire qu'elle veut bien qu'on sache qu'elle l'adore et le
poursuit, ce n'est point une résolution si ferme, qu'elle
l'empêche de cacher son amour de tout son possible lorsqu'elle est en la présence du Roi.   S'il lui échappe de l'encourager au combat contre don Sanche par ces paroles :

> Sors vainqueur d'un combat dont Chimène est le prix,[2]

elle ne se contente pas de s'enfuir de honte au même
moment ; mais sitôt qu'elle est avec Elvire, à qui elle ne
déguise rien de ce qui se passe dans son âme, et que la
vue de ce cher objet ne lui fait plus de violence, elle
forme un souhait plus raisonnable, qui satisfait sa vertu
et son amour tout ensemble, et demande au ciel que le
combat se termine

> Sans faire aucun des deux ui vaincu ni vainqueur.[3]

Si elle ne dissimule point qu'elle penche du côté de Rodrigue, de peur d'être à Don Sanche, pour qui elle a de l'aversion, cela ne détruit point la protestation qu'elle a faite un peu auparavant, que malgré la loi de ce combat, et les promesses que le Roi a faites à Rodrigue, elle lui fera mille autres ennemis, s'il en sort victorieux. Ce grand éclat même qu'elle laisse faire à son amour après qu'elle le croit mort, est suivi d'une opposition vigoureuse à l'exécution de cette loi qui la donne à son amant, et elle ne se tait qu'après que le Roi l'a différée, et lui a laissé lieu d'espérer qu'avec le temps il y pourra survenir quelque obstacle. Je sais bien que le silence passe d'ordinaire pour une marque de consentement : mais quand les rois parlent, c'en est une de contradiction : on ne manque jamais à leur applaudir quand on entre dans leurs sentiments ; et le seul moyen de leur contredire avec le respect qui leur est dû, c'est de se taire, quand leurs ordres ne sont pas si pressants qu'on ne puisse remettre à s'excuser de leur obéir lorsque le temps en sera venu, et conserver cependant une espérance légitime d'un empêchement, qu'on ne peut encore déterminément[1] prévoir.

Il est vrai que dans ce sujet il faut se contenter de tirer Rodrigue de péril, sans le pousser jusqu'à son mariage avec Chimène. Il est historique, et a plu en son temps ; mais bien sûrement il déplairait au nôtre ; et j'ai peine à voir que Chimène y consente chez l'auteur espagnol, bien qu'il donne plus de trois ans[2] de durée à la comédie qu'il en a faite. Pour ne pas contredire l'histoire, j'ai cru ne me pouvoir dispenser d'en jeter quelque idée, mais avec incertitude de l'effet ; et ce n'était que par là que je pouvais accorder la bienséance du théâtre avec la vérité de l'événement.

Les deux visites[1] que Rodrigue fait à sa maitresse ont
quelque chose qui choque cette bienséance de la part de
celle qui les souffre ; la rigueur du devoir voulait qu'elle
refusât de lui parler, et s'enfermât dans son cabinet, au
lieu de l'écouter ; mais permettez-moi de dire avec un des
premiers esprits[2] de notre siècle, "que leur conversation
est remplie de si beaux sentiments que plusieurs n'ont
pas connu cc défaut, et que ceux qui l'ont connu l'ont
toléré." J'irai plus outre, et dirai que tous presque ont
souhaité que ces entretiens se fissent ; et j'ai remarqué
aux premières représentations qu'alors que ce malheureux
amant se présentait devant elle, il s'élevait un certain
frémissement dans l'assemblée, qui marquait une curiosité
merveilleuse et un redoublement d'attention pour ce
qu'ils avaient à se dire dans un état si pitoyable. Aristote
dit[3] qu'il y a des absurdités qu'il faut laisser dans un
poème, quand on peut espérer qu'elles seront bien reçues ;
et il est du devoir du poète, en cc cas, de les couvrir de
tant de brillants qu'elles puissent éblouir. Je laisse au
jugement de mes auditeurs si je me suis assez bien ac-
quitté de ce devoir pour justifier par là ces deux scènes.
Les pensées de la première des deux sont quelquefois
trop spirituelles pour partir de personnes fort affligées;
mais outre que je n'ai fait que la paraphraser de l'espagnol,[4] si nous ne nous permettions quelque chose de plus
ingénieux que le cours ordinaire de la passion, nos
poèmes ramperaient souvent, et les grandes douleurs ne
mettraient dans la bouche de nos acteurs que des excla-
mations et des hélas. Pour ne déguiser rien, cette offre
que fait Rodrigue de son épée à Chimène, et cette protestation de se laisser tuer par don Sanche, ne me plairaient
pas maintenant. Ces beautés étaient de mise en ce
temps-là, et ne le seraient plus en celui-ci. La première

est dans l'original espagnol, et l'autre est tirée sur ce modèle. Toutes les deux ont fait leur effet en ma faveur ; mais je ferais scrupule d'en étaler de pareilles à l'avenir sur notre théâtre.

J'ai dit ailleurs ma pensée touchant l'Infante et le Roi ;[1] il reste néanmoins quelque chose à examiner sur la manière dont cc dernier agit, qui ne paraît pas assez vigoureuse, en ce qu'il ne fait pas arrêter le Comte après le soufflet donné, et n'envoie pas des gardes à don Diègue et à son fils. Sur quoi on peut considérer que don Fernand étant le premier roi de Castille, et ceux qui en avaient été maitres auparavant lui n'ayant eu titre que de comtes, il n'était peut-être pas assez absolu sur les grands seigneurs de son royaume pour le pouvoir faire. Chez don Guillen de Castro, qui a traité ce sujet avant moi, et qui devait mieux connaître que moi quelle était l'autorité de ce premier monarque de son pays, le soufflet se donne en sa présence[2] et en celle de deux ministres d'État, qui lui conseillent, après que le Comte s'est retiré fièrement et avec bravade, et que don Diègue a fait la même chose en soupirant, de ne le pousser point à bout, parce qu'il a quantités d'amis dans les Asturies, qui se pourraient révolter, et prendre parti avec les Maures dont son État est environné. Ainsi il se résout d'accommoder l'affaire sans bruit, et recommande le secret à ces deux ministres, qui ont été seuls témoins de l'action. C'est sur cet exemple que je me suis cru bien fondé à le faire agir plus mollement qu'on ne ferait en ce temps-ci, où l'autorité royale est plus absolue. Je ne pense pas non plus qu'il fasse une faute bien grande de ne jeter point l'alarme de nuit dans sa ville, sur l'avis incertain qu'il a du dessein des Maures, puisqu'on faisait bonne garde sur les murs et sur le port ; mais il est inexcusable de n'y donner aucun ordre après leur arrivée, et de laisser tout faire à Rodrigue. La loi du combat qu'il propose à Chimène avant que de le permettre à don Sanche contre Rodrigue, n'est pas si injuste que quelques-uns ont voulu le dire, parce qu'elle est plutôt une menace pour la faire dédire de la demande de cc combat qu'un arrêt qu'il lui veuille faire exécuter. Cela paraît en ce qu'après la victoire de Rodrigue il n'en exige pas précisément l'effet de sa parole, et la laisse en état d'espérer que cette condition n'aura point de lieu.

Je ne puis dénier que la règle des vingt et quatre[1] heures presse trop les incidents de cette pièce. La mort du Comte et l'arrivée des Maures s'y pouvaient entresuivre d'aussi près qu'elles font, parce que cette arrivée est une surprise qui n'a point de communication ni de mesures à prendre avec le reste ; mais il n'en va pas ainsi du combat de don Sanche, dont le Roi était le maitre, et pouvait lui choisir un autre temps que deux heures après la fuite des Maures. Leur défaite avait assez fatigué Rodrigue toute la nuit pour mériter deux ou trois jours de repos, et même il y avait quelque apparence qu'il n'en était pas échappé sans blessures, quoique je n'en aie rien dit, parce qu'elles n'auraient fait que nuire à la conclusion de l'action.

Cette même règle presse aussi trop Chimène de demander justice au Roi la seconde fois. Elle l'avait fait le soir d'auparavant, et n'avait aucun sujet d'y retourner le lendemain matin pour en importuner le Roi, dont elle n'avait encore aucun lieu de se plaindre, puisqu'elle ne pouvait encore dire qu'il lui eût manqué de promesse. Le roman lui aurait donné sept ou huit jours de patience, avant que de l'en presser de nouveau ; mais les vingt et quatre heures ne l'ont pas permis.

C'est l'incommodité de la règle ; passons à celle de
l'unité de lieu, qui ne m'a pas donné moins de gêne[1] en
cette pièce.   Je l'ai placé dans Séville,[2] bien que don Fernand n'en aie[3] jamais été le maitre, et j'ai été obligé à cette
falsification, pour former quelque vraisemblance à la descente des Maures, dont l'armée ne pouvait venir si vite
par terre que par eau.   Je ne voudrais pas assurer toutefois que le flux de la mer[4] monte effectivement jusque-
là ; mais comme dans notre Seine il fait encore plus de
chemin qu'il ne lui en faut faire sur le Guadalquivir pour
battre les murailles de cette ville, cela peut suffire à fonder quelque probabilité parmi nous, pour ceux qui n'ont
point été sur le lieu même.

Cette arrivée des Maures[5] ne laisse pas d'avoir ce défaut, que j'ai marqué ailleurs, qu'ils se présentent d'eux-
mêmes, sans être appelés dans la pièce, directement ni indirectement. par aucun acteur du premier acte.   Ils ont
plus de justesse dans l'irrégularité de l'auteur espagnol :
Rodrigue, n'osant plus se montrer à la cour,[6] les va combattre sur la frontière ; et ainsi le premier acteur les va
chercher, et leur donne place dans le poème, au contraire
de ce qui arrive ici, où ils semblent se venir faire de fête[7]
exprès pour en être battus, et lui donner moyen de rendre
à son roi un service d'importance, qui lui fasse obtenir sa
grâce.   C'est une seconde incommodité de la règle dans
cette tragédie.

Tout s'y passe donc dans Séville, et garde ainsi quelque
espèce d'unité de lieu en général ; mais le lieu particulier
change de scène en scène,[8] et tantôt c'est le palais du Roi.
tantôt l'appartement de l'Infante, tantôt la maison de
Chimène, et tantôt une rue ou place publique.   On le
détermine aisément pour les scènes détachées ; mais pour
celles qui ont leur liaison ensemble, comme les quatre

dernières du premier acte, il est malaisé d'en choisir un qui convienne à toutes. Le Comte et don Diègue se querellent au sortir du palais ; cela se peut passer dans une rue ; mais après le soufflet reçu, don Diègue ne peut pas demeurer en cette rue à faire ses plaintes, attendant que son fils survienne, qu'il ne soit tout aussitôt environné de peuple, et ne reçoive l'offre de quelques amis. Ainsi il serait plus à propos qu'il se plaignit dans sa maison,[1] où le met l'Espagnol, pour laisser aller ses sentiments en liberté ; mais en cc cas il faudrait délier les scènes comme il a fait. En l'état où elles sont ici, on peut dire qu'il faut quelquefois aider au théâtre, et suppléer favorablement cc qui ne s'y peut représenter. Deux personnes s'y arrêtent pour parler, et quelquefois il faut présumer qu'ils marchent, ce qu'on ne peut exposer sensiblement à la vue, parce qu'ils échapperaient aux yeux avant que d'avoir pu dire ce qu'il est nécessaire qu'ils fassent savoir à l'auditeur. Ainsi, par une fiction de théâtre, on peut s'imaginer que don Diègue et le Comte, sortant du palais du Roi, avancent toujours en se querellant, et sont arrivés devant la maison de ce premier lorsqu'il reçoit le soufflet qui l'oblige à y entrer pour y chercher du secours. Si cette fiction poétique ne vous satisfait point, laissons-le dans la place publique, et disons que le concours du peuple autour de lui après cette offense, et les offres de service que lui font les premiers amis qui s'y rencontrent, sont des circonstances que le roman ne doit pas oublier ; mais que ces menues actions ne servant de rien à la principale, il n'est pas besoin que le poète s'en embarrasse sur la scène. Horace l'en dispense par ces vers :[2]

> Hoc amet, hoc spernat promissi carminis auctor,
> Pleraque negligat . . .

Et ailleurs :
> Semper ad eventum festinet.

C'est ce qui m'a fait négliger, au troisième acte, de donner à don Diègue, pour aide à chercher son fils, aucun
des cinq cents amis qu'il avait chez lui. Il y a grande
apparence que quelques-uns d'eux l'y accompagnaient,
et même que quelques autres le cherchaient pour lui d'un
autre côté ; mais ces accompagnements inutiles de personnes qui n'ont rien à dire, puisque celui qu'ils ac-
compagnent a seul tout l'intérêt à l'action, ces sortes
d'accompagnements, dis-je, ont toujours mauvaise grâce
au théâtre, et d'autant plus que les comédiens n'emploient
à ces personnages muets[1] que leurs moucheurs de chan-
delles et leurs valets, qui ne savent quelle posture tenir.

Les funérailles du Comte[2] étaient encore une chose fort
embarrassante, soit qu'elles se soient faites avant la fin
de la pièce, soit que le corps aie demeuré en présence
dans son hôtel, attendant qu'on y donnât ordre. Le
moindre mot que j'en eusse laissé dire, pour en prendre
soin, eût rompu toute la chaleur de l'attention, et rempli
l'auditeur d'une fâcheuse idée. J'ai cru plus à propos de
les dérober à son imagination par mon silence, aussi bien
que le lieu précis de ces quatre scènes du premier acte
dont je viens de parler ; et je m'assure que cet artifice
m'a si bien réussi, que peu de personnes ont pris garde
à l'un ni à l'autre, et que la plupart des spectateurs,
laissant emporter leurs esprits à ce qu'ils ont vu et en-
tendu de pathétique en ce poème, ne se sont point avisés
de réfléchir sur ces deux considérations.

J'achève par une remarque[3] sur ce que dit Horace,
que ce qu'on expose à la vue touche bien plus que ce
qu'on n'apprend que par un récit.

C'est sur quoi je me suis fondé pour faire voir le
soufflet que reçoit don Diègue, et cacher aux yeux la
mort du Comte, afin d'acquérir et conserver à mon

premier acteur l'amitié des auditeurs, si nécessaire pour
réussir au théâtre. L'indignité d'un affront fait à un
vieillard, chargé d'années et de victoires, les jette aisément dans le parti de l'offensé ; et cette mort, qu'on
vient dire au Roi tout simplement sans aucune narration touchante, n'excite point en eux la commisération
qu'y eût fait naître le spectacle de son sang, et ne leur
donne aucune aversion pour ce malheureux amant,
qu'ils ont vu forcé par ce qu'il devait à son honneur
d'en venir à cette extrémité, malgré l'intérêt et la tendresse de son amour.

LE CID

TRAGÉDIE

ACTEURS.

DON FERNAND, premier roi de Castille.

DONA URRAQUE, infante de Castille.

DON DIÈGUE, père de don Rodrigue.

DON GOMÈS, comte de Gormas, père de Chimène.

DON RODRIGUE, amant de Chimène.

DON SANCHE, amoureux de Chimène.

DON ARIAS,
DON ALONSE, } gentilshommes castillans.

CHIMÈNE, fille de don Gomès.

LÉONOR, gouvernante de l'Infante.

ELVIRE, gouvernante de Chimène.

UN PAGE de l'Infante.

La scène est à Séville.

ACTE I.

SCÈNE PREMIÈRE.

CHIMÈNE, ELVIRE.

CHIMÈNE.

Elvire, m'as-tu fait un rapport bien sincère ?
Ne déguises-tu rien de ce qu'a dit mon père ?

ELVIRE.

Tous mes sens à moi-même en sont encor charmés :
Il estime Rodrigue autant que vous l'aimez,
Et si je ne m'abuse à lire dans son âme,
Il vous commandera de répondre à sa flamme.

CHIMÈNE.

Dis-moi donc, je te prie, une seconde fois
Ce qui te fait juger qu'il approuve mon choix :
Apprends-moi de nouveau quel espoir j'en dois prendre ;
Un si charmant discours ne se peut trop entendre ;   10
Tu ne peux trop promettre aux feux de notre amour
La douce liberté de se montrer au jour.
Que t'a-t-il répondu sur la secrète brigue
Que font auprès de toi don Sanche et don Rodrigue ?
N'as-tu point trop fait voir quelle inégalité   15
Entre ces deux amants me penche d'un côté ?

23

ELVIRE.

Non ; j'ai peint votre cœur dans une indifférence
Qui n'enfle d'aucun d'eux ni détruit l'espérance,
Et sans les voir d'un œil trop sévère ou trop doux,
Attend l'ordre d'un père à choisir un époux.   20
Ce respect l'a ravi, sa bouche et son visage
M'en ont donné sur l'heure un digne témoignage,
Et puisqu'il vous en faut encor faire un récit,
Voici d'eux et de vous ce qu'en hâte il m'a dit :
" Elle est dans le devoir ; tous deux sont dignes d'elle,   25
Tous deux formés d'un sang noble, vaillant, fidèle,
Jeunes, mais qui font lire aisément dans leurs yeux
L'éclatante vertu de leurs braves aïeux.
Don Rodrigue surtout n'a trait en son visage
Qui d'un homme de cœur ne soit la haute image,   30
Et sort d'une maison si féconde en guerriers,
Qu'ils y prennent naissance au milieu des lauriers.
La valeur de son père, en son temps sans pareille,
Tant qu'a duré sa force, a passé pour merveille ;
Ses rides sur son front ont gravé ses exploits,   35
Et nous disent encor ce qu'il fut autrefois.
Je me promets du fils ce que j'ai vu du père ;
Et ma fille, en un mot, peut l'aimer et me plaire."
    Il allait au conseil, dont l'heure qui pressait
A tranché ce discours qu'à peine il commençait ;   40
Mais à ce peu de mots je crois que sa pensée
Entre vos deux amants n'est pas fort balancée.
Le Roi doit à son fils élire un gouverneur,
Et c'est lui que regarde un tel degré d'honneur :
Ce choix n'est pas douteux, et sa rare vaillance   45
Ne peut souffrir qu'on craigne aucune concurrence.
Comme ses hauts exploits le rendent sans égal,
Dans un espoir si juste il sera sans rival ;

Et puisque don Rodrigue a résolu son père
Au sortir du conseil à proposer l'affaire, 50
Je vous laisse à juger s'il prendra bien son temps,
Et si tous vos désirs seront bientôt contents.

CHIMÈNE.

Il semble toutefois que mon âme troublée
Refuse cette joie et s'en trouve accablée :
Un moment donne au sort des visages divers, 55
Et dans ce grand bonheur je crains un grand revers.

ELVIRE.

Vous verrez cette crainte heureusement déçue.

CHIMÈNE.

Allons, quoi qu'il en soit, en attendre l'issue.

VARiAnts to Scène I.

These two scenes were consolidated by the poet in the edition of
1664.

SCÈNE PREMIÈRE.

Le Comte, Elvire.

ELVIRE.

Entre tous ces amants dont la jeune ferveur
Adore votre fille et brigue ma faveur,
Don Rodrigue et don Sanche à l'envi font paraître
Le beau feu qu'en leurs cœurs ses beautés ont fait naître.
Ce n'est pas que Chimène écoute leurs soupirs,
Ou d'un regard propice anime leurs désirs :
Au contraire, pour tous dedans l'indifférence,
Elle n'ôte à pas un ni donne d'espérance,
Et sans les voir d'un œil trop sévère ou trop doux,
C'est de votre seul choix qu'elle attend un époux,

To this speech the Count replies with the lines quoted by Elvire in the revised text (l. 25–38), and adds after line 38: —

> Va l'en entretenir; mais dans cet entretien
> Cache mon sentiment et découvre le sien.
> Je veux qu'à mon retour nous en parlions ensemble;
> L'heure à présent m'appelle au conseil qui s'assemble:
> Le Roi doit à son fils choisir un gouverneur,
> Ou plutôt m'élever à ce haut rang d'honneur;
> Ce que pour lui mon bras chaque jour exécute,
> Me défend de penser qu'aucun me le dispute.

This speech was directly followed by —

SCÈNE II.

CHIMÈNE, ELVIRE.

ELVIRE, *seule*.

> Quelle douce nouvelle à ces jeunes amants!
> Et que tout se dispose à leurs contentements!

CHIMÈNE.

> Eh bien! Elvire, enfin que faut-il que j'espère?
> Que dois-je devenir, et que t'a dit mon père?

ELVIRE.

> Deux mots dont tous vos sens doivent être charmés:
> Il estime Rodrigue autant que vous l'aimez. (Line 4 of
> revision.)

CHIMÈNE.

> L'excès de ce bonheur me met en défiance:
> Puis-je à de tels discours donner quelque croyance?

ELVIRE.

> Il passe bien plus outre, il approuve ses feux,
> Et vous doit commander de répondre à ses vœux.
> Jugez après cela, puisque tantôt son père
> Au sortir du conseil doit proposer l'affaire,

S'il pouvait avoir lieu de mieux prendre son temps,
Et si tous vos désirs seront bientôt contents.   (Line 52 of
    revision.)

The scene continues as in the revised text.

SCÈNE II.

L'Infante, Léonor, Page.

L'INFANTE.

Page, allez avertir Chimène de ma part
Qu'aujourd'hui pour me voir elle attend un peu tard,   60
Et que mon amitié se plaint de sa paresse.

(*Le Page rentre.*)

LÉONOR.

Madame, chaque jour même désir vous presse ;
Et dans son entretien je vous vois chaque jour
Demander en quel point se trouve son amour.

L'INFANTE.

Ce n'est pas sans sujet : je l'ai presque forcée   65
A recevoir les traits dont son âme est blessée.
Elle aime don Rodrigue, et le tient de ma main,
Et par moi don Rodrigue a vaincu son dédain :
Ainsi de ces amants ayant formés les chaines,
Je dois prendre intérêt à voir finir leurs peines.   70

LÉONOR.

Madame, toutefois parmi leurs bons succès
Vous montrez un chagrin qui va jusqu'à l'excès.
Cet amour, qui tous deux les comble d'allégresse,
Fait-il de ce grand cœur la profonde tristesse,
Et ce grand intérêt que vous prenez pour eux   75

Vous rend-il malheureuse alors qu'ils sont heureux?
Mais je vais trop avant, et deviens indiscrète.

L'INFANTE.

Ma tristesse redouble à la tenir secrète.
Écoute, écoute enfin comme j'ai combattu,
Écoute quels assauts brave encor ma vertu.   80
L'amour est un tyran qui n'épargne personne :
Ce jeune cavalier, cet amant que je donne,
Je l'aime.

LÉONOR.

Vous l'aimez !

L'INFANTE.

Mets la main sur mon cœur.

Et vois comme il se trouble au nom de son vainqueur,
Comme il le reconnaît.

LÉONOR.

Pardonnez-moi, Madame,   85

Si je sors du respect pour blâmer cette flamme.
Une grande princesse à ce point s'oublier
Que d'admettre en son cœur un simple cavalier !
Et que dirait le Roi? que dirait la Castille ?
Vous souvient-il encor de qui vous êtes fille ?   90

L'INFANTE.

Il m'en souvient si bien que j'épandrai mon sang
Avant que je m'abaisse à démentir mon rang.
Je te répondrais bien que dans les belles âmes
Le seul mérite a droit de produire des flammes ;
Et si ma passion cherchait à s'excuser,   95
Mille exemples fameux pourraient l'autoriser ;

Mais je n'en veux point suivre où ma gloire s'engage ;
La surprise des sens n'abat point mon courage ;
Et je me dis toujours qu'étant fille de roi,
Tout autre qu'un monarque est indigne de moi.   100
Quand je vis que mon cœur ne se pouvait défendre,
Moi-même je donnai ce que je n'osais prendre.
Je mis, au lieu de moi, Chimène en ses liens,
Et j'allumai leurs feux pour éteindre les miens.
Ne t'étonne donc plus si mon âme gênée   105
Avec impatience attend leur hyménée :
Tu vois que mon repos en dépend aujourd'hui.
Si l'amour vit d'espoir, il périt avec lui :
C'est un feu qui s'éteint, faute de nourriture ;
Et malgré la rigueur de ma triste aventure,   110
Si Chimène a jamais Rodrigue pour mari,
Mon espérance est morte, et mon esprit guéri.
Je souffre cependant un tourment incroyable :
Jusques à cet hymen Rodrigue m'est aimable ;
Je travaille à le perdre, et le perds à regret ;   115
Et de là prend son cours mon déplaisir secret.
Je vois avec chagrin que l'amour me contraigne
A pousser des soupirs pour ce que je dédaigne ;
Je sens en deux partis mon esprit divisé :
Si mon courage est haut, mon cœur est embrasé ;   120
Cet hymen m'est fatal, je le crains et souhaite :
Je n'ose en espérer qu'une joie imparfaite.
Ma gloire et mon amour ont pour moi tant d'appas,
Que je meurs s'il s'achève ou ne s'achève pas.

LÉONOR.

Madame, après cela je n'ai rien à vous dire,   125
Sinon que de vos maux avec vous je soupire :
Je vous blâmais tantôt, je vous plains à présent ;

Mais puisque dans un mal si doux et si cuisant,
Votre vertu combat et son charme et sa force,
En repousse l'assaut, en rejette l'amorce,   130
Elle rendra le calme à vos esprits flottants.
Espérez donc tout d'elle, et du secours du temps ;
Espérez tout du ciel : il a trop de justice
Pour laisser la vertu dans un si long supplice.

L'INFANTE.

Ma plus douce espérance est de perdre l'espoir.   135

LE PAGE.

Par vos commandements Chimène vous vient voir.

L'INFANTE, *à Léonor*.

Allez l'entretenir en cette galerie.

LÉONOR.

Voulez-vous demeurer dedans la rêverie ?

L'INFANTE.

Non, je veux seulement, malgré mon déplaisir,
Remettre mon visage un peu plus à loisir.   140
Je vous suis.
                  Juste ciel, d'où j'attends mon remède,
Mets enfin quelque borne au mal qui me possède :
Assure mon repos, assure mon honneur.
Dans le bonheur d'autrui je cherche mon bonheur :
Cet hyménée à trois également importe ;   145
Rends son effet plus prompt, ou mon âme plus forte.
D'un lien conjugal joindre ces deux amants,
C'est briser tous mes fers, et finir mes tourments.
Mais je tarde un peu trop : allons trouver Chimène,
Et par son entretien soulager notre peine.   150

SCÈNE III.

LE COMTE, DON DIÈGUE.

LE COMTE.

Enfin vous l'emportez, et la faveur du Roi
Vous élève en un rang qui n'était dû qu'à moi :
Il vous fait gouverneur du prince de Castille.

DON DIÈGUE.

Cette marque d'honneur qu'il met dans ma famille
Montre à tous qu'il est juste, et fait connaître assez   155
Qu'il sait récompenser les services passés.

LE COMTE.

Pour grands que soient les rois, ils sont cc que nous
      sommes :
Ils peuvent se tromper comme les autres hommes ;
Et ce choix sert de preuve à tous les courtisans
Qu'ils savent mal payer les services présents.   160

DON DIÈGUE.

Ne parlons plus d'un choix dont votre esprit s'irrite :
La faveur l'a pu faire autant que le mérite ;
Mais on doit ce respect au pouvoir absolu,
De n'examiner rien quand un roi l'a voulu.
A l'honneur qu'il m'a fait ajoutez-en un autre ;   165
Joignons d'un sacré nœud ma maison à la vôtre :
Vous n'avez qu'une fille, et moi je n'ai qu'un fils ;
Leur hymen nous peut rendre à jamais plus qu'amis :
Faites-nous cette grâce, et l'acceptez pour gendre.

A des partis plus hauts ce beau fils doit prétendre ;   170
Et le nouvel éclat de votre dignité
Lui doit enfler le cœur d'une autre vanité.

 Exercez-la, Monsieur, et gouvernez le Prince :
Montrez-lui comme il faut régir une province,
Faire trembler partout les peuples sous sa loi,   175
Remplir les bons d'amour, et les méchants d'effroi.
Joignez à ces vertus celles d'un capitaine :
Montrez-lui comme il faut s'endurcir à la peine,
Dans le métier de Mars se rendre sans égal,
Passer les jours entiers et les nuits à cheval,   180
Reposer tout armé, forcer une muraille,
Et ne devoir qu'à soi le gain d'une bataille.
Instruisez-le d'exemple, et rendez-le parfait,
Expliquant à ses yeux vos leçons par l'effet.

DON DIÈGUE.

Pour s'instruire d'exemple, en dépit de l'envie,   185
Il lira seulement l'histoire de ma vie.
Là, dans un long tissu de belles actions,
Il verra comme il faut dompter des nations,
Attaquer une place, ordonner une armée,
Et sur de grands exploits bâtir sa renommée.   190

LE COMTE.

Les exemples vivants sont d'un autre pouvoir ;
Un prince dans un livre apprend mal son devoir.
Et qu'a fait après tout ce grand nombre d'années
Que ne puisse égaler une de mes journées ?
Si vous fûtes vaillant, je le suis aujourd'hui,   195
Et ce bras du royaume est le plus ferme appui.

Grenade et l'Aragon tremblent quand ce fer brille ;
Mon nom sert de rempart à toute la Castille :
Sans moi, vous passeriez bientôt sous d'autres lois,
Et vous auriez bientôt vos ennemis pour rois.   200
Chaque jour, chaque instant, pour rehausser ma gloire,
Met lauriers sur lauriers, victoire sur victoire.
Le Prince à mes côtés ferait dans les combats
L'essai de son courage à l'ombre de mon bras ;
Il apprendrait à vaincre en me regardant faire ;   205
Et pour répondre en hâte à son grand caractère,
Il verrait . . .

DON DIÈGUE.

     Je le sais, vous servez bien le Roi :
Je vous ai vu combattre et commander sous moi.
Quand l'âge dans mes nerfs a fait couler sa glace,
Votre rare valeur a bien rempli ma place ;   210
Enfin, pour épargner des discours superflus,
Vous êtes aujourd'hui ce qu'autrefois je fus.
Vous voyez toutefois qu'en cette concurrence
Un monarque entre nous met quelque différence.

LE COMTE.

Ce que je méritais, vous l'avez emporté.   215

DON DIÈGUE.

Qui l'a gagné sur vous l'avait mieux mérité.

LE COMTE.

Qui peut mieux l'exercer en est bien le plus digne.

DON DIÈGUE.

En être refusé n'en est pas un bon signe.

LE COMTE.

Vous l'avez eu par brigue, étant vieux courtisan.

DON DIÈGUE.

L'éclat de mes hauts faits fut mon seul partisan. 220

LE COMTE.

Parlons-en mieux, le Roi fait honneur à votre âge.

DON DIÈGUE.

Le Roi, quand il en fait, le mesure au courage.

· LE COMTE.

Et par là cet honneur n'était dû qu'à mon bras.

DON DIÈGUE.

Qui n'a pu l'obtenir ne le méritait pas.

LE COMTE.

Ne le méritait pas ! Moi ?

DON DIÈGUE.
Vous.

LE COMTE.

Ton impudence, 225
Téméraire vieillard, aura sa récompense.
(*Il lui donne un soufflet.*)

DON DIÈGUE, *mettant l'épée à la main.*

Achève, et prends ma vie après un tel affront,
Le premier dont ma race ait vu rougir son front.

LE COMTE.

Et que penses-tu faire avec tant de faiblesse ?

DON DIÈGUE.

O Dieu ! ma force usée en ce besoin me laisse ! 230

LE COMTE.

Ton épée est à moi ; mais tu serais trop vain,
Si ce honteux trophée avait chargé ma main.
   Adieu : fais lire au Prince, en dépit de l'envie,
Pour son instruction, l'histoire de ta vie :
D'un insolent discours ce juste châtiment 235
Ne lui servira pas d'un petit ornement.

SCÈNE IV.

DON DIÈGUE.

O rage ! ô désespoir ! ô vieillesse ennemie !
N'ai-je donc tant vécu que pour cette infamie ?
Et ne suis-je blanchi dans les travaux guerriers
Que pour voir en un jour flétrir tant de lauriers ? 240
Mon bras, qu'avec respect toute l'Espagne admire,
Mon bras, qui tant de fois a sauvé cet empire,
Tant de fois affermi le trône de son roi,
Trahit donc ma querelle, et ne fait rien pour moi ?
O cruel souvenir de ma gloire passée ! 245
Œuvre de tant de jours en un jour effacée !
Nouvelle dignité, fatale à mon bonheur !
Précipice élevé d'où tombe mon honneur !
Faut-il de votre éclat voir triompher le Comte,
Et mourir sans vengeance, ou vivre dans la honte ? 250
Comte, sois de mon prince à présent gouverneur :
Ce haut rang n'admet point un homme sans honneur ;
Et ton jaloux orgueil, par cet affront insigne,
Malgré le choix du Roi, m'en a su rendre indigne.

Et toi, de mes exploits glorieux instrument,   255
Mais d'un corps tout de glace inutile ornement,
Fer, jadis tant à craindre, et qui, dans cette offense,
M'as servi de parade, et non pas de défense,
Va, quitte désormais le dernier des humains,
Passe, pour me venger, en de meilleures mains.   260

SCÈNE V.

Don Diègue, Don Rodrigue.

DON DIÈGUE.

Rodrigue, as-tu du cœur ?

DON RODRIGUE.

                          Tout autre que mon père
L'éprouverait sur l'heure.

DON DIÈOUE.

                          Agréable colère !
Digne ressentiment à ma douleur bien doux !
Je reconnais mon sang à ce noble courroux ;
Ma jeunesse revit en cette ardeur si prompte.   265
Viens, mon fils, viens, mon sang, viens réparer ma honte ;
Viens me venger.

DON RODRIGUE.

                  De quoi ?

DON DIÈGUE.

                          D'un affront si cruel,
Qu'à l'honneur de tous deux il porte un coup mortel :

D'un soufflet.   L'insolent en eût perdu la vie ;
Mais mon âge a trompé ma généreuse envie :   270
Et ce fer que mon bras ne peut plus soutenir,
Je le remets au tien pour venger et punir.
   Va contre un arrogant éprouver ton courage :
Ce n'est que dans le sang qu'on lave un tel outrage ;
Meurs ou tue.   Au surplus, pour ne te point flatter,   275
Je te donne à combattre un homme à redouter :
Je l'ai vu, tout couvert de sang et de poussière,
Porter partout l'effroi dans une armée entière.
J'ai vu par sa valeur cent escadrons rompus ;
Et pour t'en dire encor quelque chose de plus,   280
Plus que brave soldat, plus que grand capitaine,
C'est . .

DON RODRIGUE.

   De grâce, achevez.

DON DIÈGUE.

                Le père de Chimène.

DON RODRIGUE.

Le .

DON DIÈOUE.

    Ne réplique point, je connais ton amour ;
Mais qui peut vivre infâme est indigne du jour.
Plus l'offenseur est cher, et plus grande est l'offense.   285
Enfin tu sais l'affront, et tu tiens la vengeance :
Je ne te dis plus rien.   Venge-moi, venge-toi ;
Montre-toi digne fils d'un père tel que moi.
Accablé des malheurs où le destin me range,
Je vais les déplorer : va, cours, vole, et nous venge.   290

SCÈNE VI.

DON RODRIGUE.

Percé jusques au fond du cœur
D'une atteinte imprévue aussi bien que mortelle,
Misérable vengeur d'une juste querelle,
Et malheureux objet d'une injuste rigueur,
Je demeure immobile, et mon âme abattue   295
  Cède au coup qui me tue.
 Si près de voir mon feu récompensé,
  O Dieu, l'étrange peine !
 En cet affront mon père est l'offensé,
 Et l'offenseur le père de Chimène !   300

 Que je sens de rudes combats !
Contre mon propre honneur mon amour s'intéresse :
Il faut venger un père, et perdre une maitresse :
L'un m'anime le cœur, l'autre retient mon bras.
Réduit au triste choix ou de trahir ma flamme,   305
  Ou de vivre en infâme,
 Des deux côtés mon mal est infini.
  O Dieu, l'étrange peine !
 Faut-il laisser un affront impuni ?
 Faut-il punir le père de Chimène ?   310

 Père, maîtresse, honneur, amour,
Noble et dure contrainte, aimable tyrannie,
Tous mes plaisirs sont morts, ou ma gloire ternie.
L'un me rend malheureux, l'autre indigne du jour.
Cher et cruel espoir d'une âme généreuse,   315
  Mais ensemble amoureuse,
 Digne ennemi de mon plus grand bonheur,
  Fer qui causes ma peine,

M'es-tu donné pour venger mon honneur ?
M'es-tu donné pour perdre ma Chimène?   320

Il vaut mieux courir au trépas.
Je dois à ma maîtresse aussi bien qu'à mon père :
J'attire en me vengeant sa haine et sa colère ;
J'attire ses mépris en ne me vengeant pas.
A mon plus doux espoir l'un me rend infidèle,   325
        Et l'autre indigne d'elle.
Mon mal augmente à le vouloir guérir ;
        Tout redouble ma peine.
Allons, mon âme ; et puisqu'il faut mourir,
Mourons du moins sans offenser Chimène.   330

Mourir sans tirer ma raison !
Rechercher un trépas si mortel à ma gloire !
Endurer que l'Espagne impute à ma mémoire
D'avoir mal soutenu l'honneur de ma maison !
Respecter un amour dont mon âme égarée   335
        Voit la perte assurée !
N'écoutons plus ce penser suborneur,
        Qui ne sert qu'à ma peine.
Allons, mon bras, sauvons du moins l'honneur,
Puisqu'après tout il faut perdre Chimène.   340

Oui, mon esprit s'était déçu.
Je dois tout à mon père avant qu'à ma maitresse :
Que je meure au combat, ou meure de tristesse,
Je rendrai mon sang pur comme je l'ai reçu.
Je m'accuse déjà de trop de négligence :   345
        Courons à la vengeance ;
Et tout honteux d'avoir tant balancé,
        Ne soyons plus en peine,
Puisqu'aujourd'hui mon père est l'offensé,
Si l'offenseur est père de Chimène.   350

ACTE II.

SCÈNE PREMIÈRE.

DON ARIAS, LE COMTE.

LE COMTE.

Je l'avoue entre nous, mon sang un peu trop chaud
S'est trop ému d'un mot, et l'a porté trop haut ;
Mais, puisque c'en est fait, le coup est sans remède.

DON ARIAS.

Qu'aux volontés du Roi ce grand courage cède :
Il y prend grande part, et son cœur irrité   355
Agira contre vous de pleine autorité.
Aussi vous n'avez point de valable défense :
Le rang de l'offensé, la grandeur de l'offense,
Demandent des devoirs, et des soumissions
Qui passent le commun des satisfactions.   360

LE COMTE.

Le Roi peut à son gré disposer de ma vie.

DON ARIAS.

De trop d'emportement votre faute est suivie.
Le roi vous aime encore ; apaisez son courroux.
Il a dit : " Je le veux ; " désobéirez-vous ?

40

LE COMTE.

Monsieur, pour conserver tout ce que j'ai d'estime,   365
Désobéir un peu n'est pas un si grand crime ;
Et quelque grand qu'il soit, mes services présents
Pour le faire abolir sont plus que suffisants.

DON ARIAS.

Quoi qu'on fasse d'illustre et de considérable,
Jamais à son sujet un roi n'est redevable.   370
Vous vous flattez beaucoup, et vous devez savoir
Que qui sert bien son roi ne fait que son devoir.
Vous vous perdrez, Monsieur, sur cette confiance.

LE COMTE.

Je ne vous en croirai qu'après l'expérience.

DON ARIAS.

Vous devez redouter la puissance d'un roi.   375

LE COMTE.

Un jour seul ne perd pas un homme tel que moi.
Que toute sa grandeur s'arme pour mon supplice,
Tout l'État périra, s'il faut que je périsse.

DON ARIAS.

Quoi ! vous craignez si peu le pouvoir souverain . .

LE COMTE.

D'un sceptre qui sans moi tomberait de sa main.   380
Il a trop d'intérêt lui-même en ma personne,
Et ma tête en tombant ferait choir sa couronne.

DON ARIAS

Souffrez que la raison remette vos esprits.
Prenez un bon conseil.

LE COMTE.

Le conseil en est pris.

DON ARIAS.

Que lui dirai-je enfin? je lui dois rendre compte.   385

LE COMTE.

Que je ne puis du tout consentir à ma honte.

DON ARIAS.

Mais songez que les rois veulent être absolus.

LE COMTE.

Le sort en est jeté, Monsieur, n'en parlons plus.

DON ARIAS.

Adieu donc, puisqu'en vain je tâche à vous résoudre :
Avec tous vos lauriers craignez encor le foudre.   390

LE COMTE.

Je l'attendrai sans peur.

DON ARIAS.

Mais non pas sans effet.

LE COMTE.

Nous verrons donc par là don Diègue satisfait.
                              (*Il est seul.*)
Qui ne craint point la mort ne craint point les menaces.
J'ai le cœur au-dessus des plus fières disgrâces ;
Et l'on peut me réduire à vivre sans bonheur,   395
Mais non pas me résoudre à vivre sans honneur.

SCÈNE II.

Le Comte, Don Rodrigue.

DON RODRIGUE.

A moi, Comte, deux mots.

LE COMTE.

Parle.

DON RODRIGUE.

Ôte-moi d'un doute.

Connais-tu bien don Diègue ?

LE COMTE.

Oui.

DON RODRIGUE.

Parlons bas ; écoute.

Sais-tu que ce vieillard fut la même vertu,

La vaillance et l'honneur de son temps ? le sais-tu ?   400

LE COMTE.

Peut-être.

DON RODRIGUE.

Cette ardeur que dans les yeux je porte,

Sais-tu que c'est son sang ? le sais-tu ?

LE COMTE.

Que m'importe ?

DON RODRIGUE.

A quatre pas d'ici je te le fais savoir.

LE COMTE.

Jeune présomptueux !

DON RODRIGUE.

                Parle sans t'émouvoir.
Je suis jeune, il est vrai ; mais aux âmes bien nées   405
La valeur n'attend pas le nombre des années.

LE COMTE.

Te mesurer à moi !   Qui t'a rendu si vain,
Toi qu'on n'a jamais vu les armes à la main ?

·DON RODRIGUE.

Mes pareils à deux fois ne se font point connaître,
Et pour leurs coups d'essai veulent des coups de maître. 410

LE COMTE.

Sais-tu bien qui je suis?

DON RODRIGUE.

              Oui ; tout autre que moi
Au seul bruit de ton nom pourrait trembler d'effroi.
Les palmes dont je vois ta tête si couverte
Semblent porter écrit le destin de ma perte.
J'attaque en téméraire un bras toujours vainqueur ;   415
Mais j'aurai trop de force, ayant assez de cœur.
A qui venge son père il n'est rien impossible.
Ton bras est invaincu, mais non pas invincible.

LE COMTE.

Ce grand cœur qui paraît aux discours que tu tiens,
Par tes yeux, chaque jour, se découvrait aux miens ;   420
Et croyant voir en toi l'honneur de la Castille,
Mon âme avec plaisir te destinait ma fille.

Je sais ta passion, et suis ravi de voir
Que tous ses mouvements cèdent à ton devoir;
Qu'ils n'ont point affaibli cette ardeur magnanime;   425
Que ta haute vertu répond à mon estime;
Et que voulant pour gendre un cavalier parfait,
Je ne me trompais point au choix que j'avais fait;   ;
Mais je sens que pour toi ma pitié s'intéresse;
J'admire ton courage, et je plains ta jeunesse.   430
Ne cherche point à faire un coup d'essai fatal;
Dispense ma valeur d'un combat inégal;
Trop peu d'honneur pour moi suivrait cette victoire:
A vaincre sans péril, on triomphe sans gloire.
On te croirait toujours abattu sans effort;   435
Et j'aurais seulement le regret de ta mort.

DON RODRIGUE.

D'une indigne pitié ton audace est suivie:
Qui m'ose ôter l'honneur craint de m'ôter la vie!

LE COMTE.

Retire-toi d'ici.

DON RODRIGUE.

Marchons sans discourir.

LE COMTE.

Es-tu si las de vivre?

DON RODRIGUE.

As-tu peur de mourir?   440

LE COMTE.

Viens, tu fais ton devoir, et le fils dégénère
Qui survit un moment à l'honneur de son père.

SCÈNE III.

L'Infante, Chimène, Léonor.

L'infante.

Apaise, ma Chimène, apaise ta douleur :
Fais agir ta constance en cc coup de malheur.
Tu reverras le calme après ce faible orage ;   445
Ton bonheur n'est couvert que d'un peu de nuage,
Et tu n'as rien perdu pour le voir différer.

CHIMÈNE.

Mon cœur outré d'ennuis n'ose rien espérer.
Un orage si prompt qui trouble une bonace
D'un naufrage certain nous porte la menace :   450
Je n'en saurais douter, je péris dans le port.
J'aimais, j'étais aimée, et nos pères d'accord ;
Et je vous en contais la charmante nouvelle,
Au malheureux moment que naissait leur querelle,
Dont le récit fatal, sitôt qu'on vous l'a fait,   455
D'une si douce attente a ruiné l'effet.
   Maudite ambition, détestable manie,
Dont les plus généreux souffrent la tyrannie !
Honneur impitoyable à mes plus chers désirs,
Que tu me vas coûter de pleurs, et de soupirs !   460

L'infante.

Tu n'as dans leur querelle aucun sujet de craindre :
Un moment l'a fait naître, un moment va l'éteindre.
Elle a fait trop de bruit pour ne pas s'accorder,
Puisque déjà le Roi les veut accommoder ;
Et tu sais que mon âme, à tes ennuis sensible,   465
Pour en tarir la source y fera l'impossible.

CHIMÈNE.

Les accommodements ne font rien en ce point :
De si mortels affronts ne se réparent point.
En vain on fait agir la force ou la prudence :
Si l'on guérit le mal, ce n'est qu'en apparence.   470
La haine que les cœurs conservent au dedans
Nourrit des feux cachés, mais d'autant plus ardents.

L'INFANTE.

Le saint nœud qui joindra don Rodrigue et Chimène
Des pères ennemis dissipera la haine ;
Et nous verrons bientôt votre amour le plus fort   475
Par un heureux hymen étouffer ce discord.

CHIMÈNE.

Je le souhaite ainsi plus que je ne l'espère :
Don Diègue est trop altier, et je connais mon père.
Je sens couler des pleurs que je veux retenir ;
Le passé me tourmente, et je crains l'avenir.   480

L'INFANTE.

Que crains-tu ? d'un vieillard l'impuissante faiblesse ?

CHIMÈNE.
Rodrigue a du courage.

L'INFANTE.
                Il a trop de jeunesse.

CHIMÈNE.

Les hommes valeureux le sont du premier coup.

L'INFANTE.

Tu ne dois pas pourtant le redouter beaucoup :
Il est trop amoureux pour te vouloir déplaire,   485
Et deux mots de ta bouche arrêtent sa colère.

CHIMÈNE.

S'il ne m'obéit point, quel comble à mon ennui!
Et s'il peut m'obéir, que dira-t-on de lui?
Étant né cc qu'il est, souffrir un tel outrage!
Soit qu'il cède ou résiste au feu qui me l'engage,   190
Mon esprit ne peut qu'être ou honteux ou confus,
De son trop de respect, ou d'un juste refus.

L'INFANTE.

Chimène a l'âme haute, et quoiqu'intéressée,
Elle ne peut souffrir une basse pensée ;
Mais si jusques au jour de l'accommodement   195
Je fais mon prisonnier de ce parfait amant,
Et que j'empêche ainsi l'effet de son courage,
Ton esprit amoureux n'aura-t-il point d'ombrage?

CHIMÈNE.

Ah! Madame, en ce cas je n'ai plus de souci.

SCÈNE   IV.

L'INFANTE, CHIMÈNE, LÉONOR, LE PAGE.

L'INFANTE.

Page, cherchez Rodrigue, et l'amenez ici.   500

LE PAGE.

Le Comte de Gormas et lui . . .

CHIMÈNE.

                         Bon Dieu! je tremble.

L'INFANTE.

Parlez.

LE PAGE.

De ce palais ils sont sortis ensemble.

CHIMÈNE.

Seuls?

LE PAGE.

Seuls, et qui semblaient tout bas se quereller.

CHIMÈNE.

Sans doute ils sont aux mains, il n'en faut plus parler.
Madame, pardonnez à cette promptitude.   505

SCÈNE V.

L'Infante, Léonor.

L'INFANTE.

Hélas! que dans l'esprit je sens d'inquiétude!
Je pleure ses malheurs, son amant me ravit;
Mon repos m'abandonne, et ma flamme revit.
Ce qui va séparer Rodrigue de Chimène
Fait renaître à la fois mon espoir et ma peine;   510
Et leur division, que je vois à regret,
Dans mon esprit charmé jette un plaisir secret.

LÉONOR.

Cette haute vertu qui règne dans votre âme
Se rend-elle sitôt à cette lâche flamme?

L'INFANTE.

Ne la nomme point lâche, à présent que chez moi   515
Pompeuse et triomphante elle me fait la loi:
Porte-lui du respect, puisqu'elle m'est si chère.

Ma vertu la combat, mais malgré moi j'espère ;
Et d'un si fol espoir mon cœur mal défendu
Vole après un amant que Chimène a perdu.   520

LÉONOR.

Vous laissez choir ainsi ce glorieux courage,
Et la raison chez vous perd ainsi son usage ?

L'INFANTE.

Ah ! qu'avec peu d'effet on entend la raison,
Quand le cœur est atteint d'un si charmant poison !
Et lorsque le malade aime sa maladie,   525
Qu'il a peine à souffrir que l'on y remédie !

LÉONOR.

Votre espoir vous séduit, votre mal vous est doux ;
Mais enfin ce Rodrigue est indigne de vous.

L'INFANTE.

Je ne le sais que trop ; mais si ma vertu cède,
Apprends comme l'amour flatte un cœur qu'il possède. 530
    Si Rodrigue une fois sort vainqueur du combat,
Si dessous sa valeur ce grand guerrier s'abat,
Je puis en faire cas, je puis l'aimer sans honte.
Que ne fera-t-il point, s'il peut vaincre le Comte ?
J'ose m'imaginer qu'à ses moindres exploits   535
Les royaumes entiers tomberont sous ses lois ;
Et mon amour flatteur déjà me persuade
Que je le vois assis au trône de Grenade,
Les Mores subjugués trembler en l'adorant,
L'Aragon recevoir ce nouveau conquérant,   540
Le Portugal se rendre, et ses nobles journées
Porter delà les mers ses hautes destinées.

Du sang des Africains arroser ses lauriers :
Enfin, tout ce qu'on dit des plus fameux guerriers,
Je l'attends de Rodrigue après cette victoire,   645
Et fais de son amour un sujet de ma gloire.

LÉONOR.

Mais, Madame, voyez où vous portez son bras,
Ensuite d'un combat qui peut-être n'est pas.

L'INFANTE.

Rodrigue est offensé ; le Comte a fait l'outrage ;
Ils sont sortis ensemble : en faut-il davantage ?   650

LÉONOR.

Eh bien ! ils se battront, puisque vous le voulez ;
Mais Rodrigue ira-t-il si loin que vous allez ?

L'INFANTE.

Que veux-tu ? je suis folle, et mon esprit s'égare :
Tu vois par là quels maux cet amour me prépare.
Viens dans mon cabinet consoler mes ennuis,   655
Et ne me quitte point dans le trouble où je suis.

SCÈNE VI.

DON FERNAND, DON ARIAS, DON SANCHE.

DON FERNAND.

Le Comte est donc si vain et si peu raisonnable !
Ose-t-il croire encor son crime pardonnable ?

DON ARIAS.

Je l'ai de votre part longtemps entretenu ;
J'ai fait mon pouvoir, Sire, et n'ai rien obtenu.   560

DON FERNAND.

Justes cieux ! ainsi donc un sujet téméraire
A si peu de respect et de soin de me plaire !
Il offense don Diègue, et méprise son roi !
Au milieu de ma cour il me donne la loi !
Qu'il soit brave guerrier, qu'il soit grand capitaine,   565
Je saurai bien rabattre une humeur si hautaine.
Fût-il la valeur même, et le dieu des combats,
Il verra ce que c'est que de n'obéir pas.
Quoi qu'ait pu mériter une telle insolence,
Je l'ai voulu d'abord traiter sans violence ;   570
Mais puisqu'il en abuse, allez dès aujourd'hui,
Soit qu'il résiste ou non, vous assurer de lui.

DON SANCHE.

Peut-être un peu de temps le rendrait moins rebelle :
On l'a pris tout bouillant encor de sa querelle ;
Sire, dans la chaleur d'un premier mouvement,   575
Un cœur si généreux se rend malaisément.
Il voit bien qu'il a tort, mais une âme si haute
N'est pas sitôt réduite à confesser sa faute.

DON FERNAND.

Don Sanche, taisez-vous, et soyez averti
Qu'on se rend criminel à prendre son parti.   580

DON SANCHE.

J'obéis, et me tais ; mais, de grâce encor, Sire,
Deux mots en sa défense.

DON FERNAND.

Et que pouvez-vous dire?

DON SANCHE.

Qu'une âme accoutumée aux grandes actions
Ne se peut abaisser à des soumissions:
Elle n'en conçoit point qui s'expliquent sans honte;   585
Et c'est à cc mot seul qu'a résisté le Comte.
Il trouve en son devoir un peu trop de rigueur,
Et vous obéirait, s'il avait moins de cœur.
Commandez que son bras, nourri dans les alarmes,
Répare cette injure à la pointe des armes;   590
Il satisfera, Sire; et vienne qui voudra,
Attendant qu'il l'ait su, voici qui répondra.

DON FERNAND.

Vous perdez le respect; mais je pardonne à l'âge,
Et j'excuse l'ardeur en un jeune courage.
Un roi dont la prudence a de meilleurs objets   595
Est meilleur ménager du sang de ses sujets:
Je veille pour les miens, mes soucis les conservent,
Comme le chef a soin des membres qui le servent.
Ainsi votre raison n'est pas raison pour moi:
Vous parlez en soldat; je dois agir en roi;   600
Et quoi qu'on veuille dire, et quoi qu'il ose croire,
Le Comte à m'obéir ne peut perdre sa gloire.
D'ailleurs l'affront me touche: il a perdu d'honneur
Celui que de mon fils j'ai fait le gouverneur;
S'attaquer à mon choix, c'est se prendre à moi-même,   605
Et faire un attentat sur le pouvoir suprême.
N'en parlons plus.   Au reste, on a vu dix vaisseaux
De nos vieux ennemis arborer les drapeaux;
Vers la bouche du fleuve ils ont osé paraître.

DON ARIAS.

Les Mores ont appris par force à vous connaître,   610
Et tant de fois vaincus, ils ont perdu le cœur
De se plus hasarder contre un si grand vainqueur.

DON FERNAND.

Ils ne verront jamais sans quelque jalousie
Mon sceptre, en dépit d'eux, régir l'Andalousie ;
Et ce pays si beau, qu'ils ont trop possédé   615
Avec un œil d'envie est toujours regardé.
C'est l'unique raison qui m'a fait dans Séville
Placer depuis dix ans le trône de Castille,
Pour les voir de plus près, et d'un ordre plus prompt
Renverser aussitôt ce qu'ils entreprendront.   620

DON ARIAS.

Ils savent aux dépens de leurs plus dignes têtes
Combien votre présence assure vos conquêtes :
Vous n'avez rien à craindre.

DON FERNAND.

                              Et rien à négliger :
Le trop de confiance attire le danger ;
Et vous n'ignorez pas qu'avec fort peu de peine   625
Un flux de pleine mer jusqu'ici les amène.
Toutefois j'aurais tort de jeter dans les cœurs,
L'avis étant mal sûr, de paniques terreurs.
L'effroi que produirait cette alarme inutile,
Dans la nuit qui survient troublerait trop la ville :   630
Faites doubler la garde aux murs et sur le port.
C'est assez pour ce soir.

SCÈNE VII.

Don Fernand, Don Sanche, Don Alonse.

DON ALONSE.

Sire, le Comte est mort :
Don Diègue, par son fils, a vengé son offense.

DON FERNAND.

Dès que j'ai su l'affront, j'ai prévu la vengeance ;
Et j'ai voulu dès lors prévenir ce malheur.   635

DON ALONSE.

Chimène à vos genoux apporte sa douleur ;
Elle vient toute en pleurs vous demander justice.

DON FERNAND.

Bien qu'à ses déplaisirs mon âme compatisse,
Ce que le Comte a fait semble avoir mérité
Ce digne châtiment de sa témérité.   640
Quelque juste pourtant que puisse être sa peine,
Je ne puis sans regret perdre un tel capitaine.
Après un long service à mon État rendu,
Après son sang pour moi mille fois répandu,
A quelque sentiment que son orgueil m'oblige,   645
Sa perte m'affaiblit, et son trépas m'afflige.

SCÈNE VIII.

DON FERNAND, DON DIÈGUE, CHIMÈNE, DON SANCHE,
DON ARIAS, DON ALONSE.

CHIMÈNE.

Sire, Sire, justice !

DON DIÈGUE.

Ah ! Sire, écoutez-nous.

CHIMÈNE.

Je me jette à vos pieds.

DON DIÈGUE.

J'embrasse vos genoux.

CHIMÈNE.

Je demande justice.

DON DIÈGUE.

Entendez ma défense.

CHIMÈNE.

D'un jeune audacieux punissez l'insolence ·   650
Il a de votre sceptre abattu le soutien,
Il a tué mon père.

DON DIÈGUE.

Il a vengé le sien.

CHIMÈNE.

Au sang de ses sujets un roi doit la justice.

DON DIÈGUE.

Pour la juste vengeance il n'est point de supplice.

DON FERNAND.

Levez-vous l'un et l'autre, et parlez à loisir.　655
Chimène, je prends part à votre déplaisir ;
D'une égale douleur je sens mon âme atteinte.
Vous parlerez après ; ne troublez pas sa plainte.

CHIMÈNE.

Sire, mon père est mort ; mes yeux ont vu son sang
Couler à gros bouillons de son généreux flanc ;　660
Ce sang qui tant de fois garantit vos murailles,
Ce sang qui tant de fois vous gagna des batailles,
Ce sang qui tout sorti fume encor de courroux
De se voir répandu pour d'autres que pour vous,
Qu'au milieu des hasards n'osait verser la guerre,　665
Rodrigue en votre cour vient d'en couvrir la terre.
J'ai couru sur le lieu, sans force et sans couleur :
Je l'ai trouvé sans vie.　Excusez ma douleur,
Sire, la voix me manque à ce récit funeste ;
Mes pleurs et mes soupirs vous diront mieux le reste.　670

DON FERNAND.

Prends courage, ma fille, et sache qu'aujourd'hui
Ton roi te veut servir de père au lieu de lui.

CHIMÈNE.

Sire, de trop d'honneur ma misère est suivie.
Je vous l'ai déjà dit, je l'ai trouvé sans vie ;
Son flanc était ouvert ; et pour mieux m'émouvoir,　675
Son sang sur la poussière écrivait mon devoir ;
Ou plutôt sa valeur en cet état réduite
Me parlait par sa plaie, et hâtait ma poursuite ;
Et, pour se faire entendre au plus juste des rois,

Par cette triste bouche elle empruntait ma voix.   680
   Sire, ne souffrez pas que sous votre puissance
Règne devant vos yeux une telle licence ;
Que les plus valeureux, avec impunité,
Soient exposés aux coups de la témérité ;
Qu'un jeune audacieux triomphe de leur gloire,   685
Se baigne dans leur sang, et brave leur mémoire.
Un si vaillant guerrier qu'on vient de vous ravir
Éteint, s'il n'est vengé, l'ardeur de vous servir.
Enfin mon père est mort, j'en demande vengeance,
Plus pour votre intérêt que pour mon allégeance.   690
Vous perdez en la mort d'un homme de son rang :
Vengez-la par une autre, et le sang par le sang.
Immolez, non à moi, mais à votre couronne,
Mais à votre grandeur, mais à votre personne ;
Immolez, dis-je, Sire, au bien de tout l'État   695
Tout ce qu'enorgueillit un si haut attentat.

DON FERNAND.

Don Diègue, répondez.

DON DIÈGUE.

         Qu'on est digne d'envie
Lorsqu'en perdant la force on perd aussi la vie,
Et qu'un long âge apprête aux hommes généreux,
Au bout de leur carrière, un destin malheureux !   700
Moi, dont les longs travaux ont acquis tant de gloire,
Moi, que jadis partout a suivi la victoire,
Je me vois aujourd'hui, pour avoir trop vécu,
Recevoir un affront et demeurer vaincu.
Ce que n'a pu jamais combat, siège, embuscade,   705
Ce que n'a pu jamais Aragon ni Grenade,

Ni tous vos ennemis, ni tous mes envieux,
Le Comte en votre cour l'a fait presqu'à vos yeux,
Jaloux de votre choix, et fier de l'avantage
Que lui donnait sur moi l'impuissance de l'âge. 710
    Sire, ainsi ces cheveux blanchis sous le harnois,
Ce sang pour vous servir prodigûé tant de fois,
Ce bras, jadis l'effroi d'une armée ennemie,
Descendaient au tombeau tous chargés d'infamie,
Si je n'eusse produit un fils digne de moi, 715
Digne de son pays et digne de son roi.
Il m'a prêté sa main, il a tué le Comte ;
Il m'a rendu l'honneur, il a lavé ma honte.
Si montrer du courage et du ressentiment,
Si venger un soufflet mérite un châtiment, 720
Sur moi seul doit tomber l'éclat de la tempête :
Quand le bras a failli, l'on en punit la tête.
Qu'on nomme crime, ou non, cc qui fait nos débats,
Sire, j'en suis la tête, il n'en est que le bras.
Si Chimène se plaint qu'il a tué son père, 725
Il ne l'eût jamais fait si je l'eusse pu faire.
Immolez donc ce chef que les ans vont ravir,
Et conservez pour vous le bras qui peut servir.
Aux dépens de mon sang satisfaites Chimène :
Je n'y résiste point, je consens à ma peine ; 730
Et loin de murmurer d'un rigoureux décret,
Mourant sans déshonneur, je mourrai sans regret.

DON FERNAND.

L'affaire est d'importance. et, bien considérée,
Mérite en plein conseil d'être délibérée.
    Don Sanche, remettez Chimène en sa maison. 735
Don Diègue aura ma cour et sa foi pour prison.
Qu'on me cherche son fils.   Je vous ferai justice.

CHIMÈNE.

Il est juste, grand Roi, qu'un meurtrier périsse.

DON FERNAND.

Prends du repos, ma fille, et calme tes douleurs.

CHIMÈNE.

M'ordonner du repos, c'est croître mes malheurs.   740

ACTE III.

SCÈNE PREMIÈRE.

Don Rodrigue, Elvire.

ELVIRE.

Rodrigue, qu'as-tu fait? où viens-tu, misérable?

DON RODRIGUE.

Suivre le triste cours de mon sort déplorable.

ELVIRE.

Où prends-tu cette audace et ce nouvel orgueil,
De paraître en des lieux que tu remplis de deuil?
Quoi? viens-tu jusqu'ici braver l'ombre du Comte? 745
Ne l'as-tu pas tué?

DON RODRIGUE.

    Sa vie était ma honte:
Mon honneur de ma main a voulu cet effort.

ELVIRE.

Mais chercher ton asile en la maison du mort!
Jamais un meurtrier en fit-il son refuge?

DON RODRIGUE.

Et je n'y viens aussi que m'offrir à mon juge. 750
Ne me regarde plus d'un visage étonné;

61

Je cherche le trépas après l'avoir donné.
Mon juge est mon amour, mon juge est ma Chimène :
Je mérite la mort de mériter sa haine,
Et j'en viens recevoir, comme un bien souverain,   755
Et l'arrêt de sa bouche, et le coup de sa main.

ELVIRE.

Fuis plutôt de ses yeux, fuis de sa violence ;
A ses premiers transports dérobe ta présence :
Va, ne t'expose point aux premiers mouvements·
Que poussera l'ardeur. de ses ressentiments.   760

DON RODRIGUE.

Non, non, ce cher objet à qui j'ai pu déplaire
Ne peut pour mon supplice avoir trop de colère ;
Et j'évite cent morts qui me vont accabler,
Si pour mourir plus tôt je puis la redoubler.

ELVIRE.

Chimène est au palais, de pleurs toute baignée,   765
Et n'en reviendra point que bien accompagnée.
Rodrigue, fuis, de grâce ; ôte-moi de souci.
Que ne dira-t-on point si l'on te voit ici ?
Veux-tu qu'un médisant, pour comble à sa misère,
L'accuse d'y souffrir l'assassin de son père ?   770
Elle va revenir ; elle vient, je la voi :
Du moins, pour son honneur, Rodrigue, cache-toi.

SCÈNE II.

Don Sanche, Chimène, Elvire.

DON SANCHE.

Oui, Madame, il vous faut de sanglantes victimes :
Votre colère est juste, et vos pleurs légitimes ;
Et je n'entreprends pas, à force de parler,   775
Ni de vous adoucir, ni de vous consoler.
Mais si de vous servir je puis être capable,
Employez mon épée à punir le coupable ;
Employez mon amour à venger cette mort :
Sous vos commandements mon bras sera trop fort.   780

CHIMÈNE.

Malheureuse !

DON SANCHE.

De grâce, acceptez mon service.

CHIMÈNE.

J'offenserais le Roi, qui m'a promis justice.

DON SANCHE.

Vous savez qu'elle marche avec tant de langueur,
Qu'assez souvent le crime échappe à sa longueur ;
Son cours lent et douteux fait trop perdre de larmes.   785
Souffrez qu'un cavalier vous venge par les armes :
La voie en est plus sûre, et plus prompte à punir.

CHIMÈNE.

C'est le dernier remède ; et s'il y faut venir,
Et que de mes malheurs cette pitié vous dure,
Vous serez libre alors de venger mon injure.   790

DON SANCHE.

C'est l'unique bonheur où mon âme prétend ;
Et pouvant l'espérer je m'en vais trop content.

SCÈNE III.

CHIMÈNE, ELVIRE.

CHIMÈNE.

Enfin je me vois libre, et je puis sans contrainte
De mes vives douleurs te faire voir l'atteinte ;
Je puis donner passage à mes tristes soupirs ;   795
Je puis t'ouvrir mon âme et tous mes déplaisirs.
    Mon père est mort, Elvire ; et la première épée
Dont s'est armé Rodrigue a sa trame coupée.
Pleurez, pleurez, mes yeux, et fondez-vous en eau !
La moitié de ma vie a mis l'autre au tombeau,   800
Et m'oblige à venger, après ce coup funeste,
Celle que je n'ai plus sur celle qui me reste.

ELVIRE.

Reposez-vous, Madame.

CHIMÈNE.

                    Ah ! que mal à propos
Dans un malheur si grand tu parles de repos !
Par où sera jamais ma douleur apaisée,   805
Si je ne puis haïr la main qui l'a causée ?
Et que dois-je espérer qu'un tourment éternel,
Si je poursuis un crime, aimant le criminel ?

ELVIRE.

Il vous prive d'un père, et vous l'aimez encore !

CHIMÈNE.

C'est peu de dire aimer, Elvire : je l'adore ;   810
Ma passion s'oppose à mon ressentiment ;
Dedans mon ennemi je trouve mon amant ;
Et je sens qu'en dépit de toute ma colère
Rodrigue dans mon cœur combat encor mon père :
Il l'attaque, il le presse, il cède, il se défend,   815
Tantôt fort, tantôt faible, et tantôt triomphant ;
Mais en ce dur combat de colère et de flamme,
Il déchire mon cœur sans partager mon âme ;
Et quoi que mon amour ait sur moi de pouvoir,
Je ne consulte point pour suivre mon devoir :   820
Je cours sans balancer où mon honneur m'oblige.
Rodrigue m'est bien cher, son intérêt m'afflige ;
Mon cœur prend son parti ; mais malgré son effort,
Je sais ce que je suis, et que mon père est mort.

ELVIRE.

Pensez-vous le poursuivre ?

CHIMÈNE.

               Ah ! cruelle pensée !   825
Et cruelle poursuite où je me vois forcée !
Je demande sa tête, et crains de l'obtenir :
Ma mort suivra la sienne, et je le veux punir !

ELVIRE.

Quittez, quittez, Madame, un dessein si tragique ;
Ne vous imposez point de loi si tyrannique.   830

CHIMÈNE.

Quoi ! mon père étant mort, et presque entre mes bras,
Son sang criera vengeance, et je ne l'orrai pas !

Mon cœur, honteusement surpris par d'autres charmes,
Croira ne lui devoir que d'impuissantes larmes!
Et je pourrai souffrir qu'un amour suborneur   83!
Sous un lâche silence étouffe mon honneur!

ELVIRE.

Madame, croyez-moi, vous serez excusable
D'avoir moins de chaleur contre un objet aimable,
Contre un amant si cher : vous avez assez fait,
Vous avez vu le Roi ; n'en pressez point l'effet,   840
Ne vous obstinez point en cette humeur étrange.

CHIMÈNE.

Il y va de ma gloire, il faut que je me venge ;
Et de quoi que nous flatte un désir amoureux,
Toute excuse est honteuse aux esprits généreux.

ELVIRE.

Mais vous aimez Rodrigue, il ne vous peut déplaire.   84&

CHIMÈNE.
Je l'avoue.

ELVIRE.
Après tout, que pensez-vous donc faire?

CHIMÈNE.

Pour conserver ma gloire et finir mon ennui,
Le poursuivre, le perdre, et mourir après lui.

SCÈNE IV.

DON RODRIGUE, CHIMÈNE, ELVIRE.

DON RODRIGUE.

Eh bien! sans vous donner la peine de poursuivre,
Assurez-vous l'honneur de m'empêcher de vivre.   850

CHIMÈNE.

Elvire, où sommes-nous, et qu'est-ce que je voi?
Rodrigue en ma maison ! Rodrigue devant moi !

DON RODRIGUE.

N'épargnez point mon sang : goûtez sans résistance
La douceur de ma perte et de votre vengeance.

CHIMÈNE.

Hélas !

DON RODRIGUE.

Écoute-moi.

CHIMÈNE.

Je me meurs.

DON RODRIGUE.

Un moment.   855

CHIMÈNE.

Va, laisse-moi mourir.

DON RODRIGUE.

Quatre mots seulement :
Après ne me réponds qu'avecque cette épée.

CHIMÈNE.

Quoi ! du sang de mon père encor toute trempée !

DON RODRIGUE.

Ma Chimène . . .

CHIMÈNE.

Ôte-moi cet objet odieux,
Qui reproche ton crime et ta vie à mes yeux.   860

DON RODRIGUE.

Regarde-le plutôt pour exciter ta haine,
Pour croître ta colère, et pour hâter ma peine.

CHIMÈNE.

Il est teint de mon sang.

DON RODRIGUE.

                    Plonge-le dans le mien,
Et fais-lui perdre ainsi la teinture du tien.

. CHIMÈNE.

Ah ! quelle cruauté, qui tout en un jour tue   -   865
Le père par le fer, la fille par la vue !   -
Ôte-moi cet objet, je ne le puis souffrir :
- Tu veux que je t'écoute, et tu me fais mourir !

DON RODRIGUE.

Je fais ce que tu veux, mais sans quitter l'envie
De finir par tes mains ma déplorable vie ;   870
Car enfin n'attends pas de mon affection
Un lâche repentir d'une bonne action.
L'irréparable effet d'une chaleur trop prompte
Déshonorait mon père, et me couvrait de honte.
Tu sais comme un soufflet touche un homme de cœur ; 875
J'avais part à l'affront, j'en ai cherché l'auteur :
Je l'ai vu, j'ai vengé mon honneur et mon père ;
Je le ferais encor, si j'avais à le faire.
Ce n'est pas qu'en effet contre mon père et moi
Ma flamme assez longtemps n'ait combattu pour toi ; 880
Juge de son pouvoir : dans une telle offense
J'ai pu délibérer si j'en prendrais vengeance.
Réduit à te déplaire, ou souffrir un affront,
J'ai pensé qu'à son tour mon bras était trop prompt :

Je me suis accusé de trop de violence ;				885
Et ta beauté sans doute emportait la balance,
A moins que d'opposer à tes plus forts appas
Qu'un homme sans honneur ne te méritait pas ;
Que malgré cette part que j'avais en ton âme,
Qui m'aima généreux me haïrait infâme ;				890
Qu'écouter ton amour, obéir à sa voix,
C'était m'en rendre indigne et diffamer ton choix.
Je te le dis encore ; et quoique j'en soupire,
Jusqu'au dernier soupir je veux bien le redire :
Je t'ai fait une offense, et j'ai dû m'y porter				895
Pour effacer ma honte, et pour te mériter ;
Mais quitte envers l'honneur, et quitte envers mon père,
C'est maintenant à toi que je viens satisfaire :
C'est pour t'offrir mon sang qu'en ce lieu tu me vois.
J'ai fait ce que j'ai dû, je fais ce que je dois.				900
Je sais qu'un père mort t'arme contre mon crime ;
Je ne t'ai pas voulu dérober ta victime :
Immole avec courage au sang qu'il a perdu
Celui qui met sa gloire à l'avoir répandu.

CHIMÈNE.

Ah ! Rodrigue, il est vrai, quoique ton ennemie,				905
Je ne te puis blâmer d'avoir fui l'infamie ;
Et de quelque façon qu'éclatent mes douleurs,
Je ne t'accuse point, je pleure mes malheurs.
Je sais ce que l'honneur, après un tel outrage,
Demandait à l'ardeur d'un généreux courage :				910
Tu n'as fait le devoir que d'un homme de bien ;
Mais aussi, le faisant, tu m'as appris le mien.
Ta funeste valeur m'instruit par ta victoire ;
Elle a vengé ton père et soutenu ta gloire :
Même soin me regarde, et j'ai, pour m'affliger,				915

Ma gloire à soutenir, et mon père à venger.
Hélas ! ton intérêt ici me désespère :
Si quelque autre malheur m'avait ravi mon père,
Mon âme aurait trouvé dans le bien de te voir
L'unique allégement qu'elle eût pu recevoir ;   920
Et contre ma douleur j'aurais senti des charmes,
Quand une main si chère eût essuyé mes larmes.
Mais il me faut te perdre après l'avoir perdu ;
Cet effort sur ma flamme à mon honneur est dû :
Et cet affreux devoir, dont l'ordre m'assassine,   925
Me force à travailler moi-même à ta ruine.
Car enfin n'attends pas de mon affection
De lâches sentiments pour ta punition.
De quoi qu'en ta faveur notre amour m'entretienne,
Ma générosité doit répondre à la tienne :   930
Tu t'es, en m'offensant, montré digne de moi ;
Je me dois, par ta mort, montrer digne de toi.

DON RODRIGUE.

Ne diffère donc plus ce que l'honneur t'ordonne :
Il demande ma tête, et je te l'abandonne ;
Fais-en un sacrifice à ce noble intérêt :   935
Le coup m'en sera doux, aussi bien que l'arrêt.
Attendre après mon crime une lente justice,
C'est reculer ta gloire autant que mon supplice.
Je mourrai trop heureux, mourant d'un coup si beau.

CHIMÈNE.

Va, je suis ta partie, et non pas ton bourreau.   940
Si tu m'offres ta tête, est-ce à moi de la prendre ?
Je la dois attaquer, mais tu dois la défendre ;
C'est d'un autre que toi qu'il me faut l'obtenir,
Et je dois te poursuivre, et non pas te punir.

DON RODRIGUE.

De quoi qu'en ma faveur notre amour t'entretienne,   945
Ta générosité doit répondre à la mienne ;
Et pour venger un père emprunter d'autres bras,
Ma Chimène, crois-moi, c'est n'y répondre pas :
Ma main seule du mien a su venger l'offense,
Ta main seule du tien doit prendre la vengeance.   950

CHIMÈNE.

Cruel ! à quel propos sur ce point t'obstiner ?
Tu t'es vengé sans aide, et tu m'en veux donner !
Je suivrai ton exemple, et j'ai trop de courage
Pour souffrir qu'avec toi ma gloire se partage.
Mon père et mon honneur ne veulent rien devoir   955
Aux traits de ton amour ni de ton désespoir.

DON RODRIGUE.

Rigoureux point d'honneur ! hélas ! quoi que je fasse,
Ne pourrai-je à la fin obtenir cette grâce ?
Au nom d'un père mort, ou de notre amitié,
Punis-moi par vengeance, ou du moins par pitié.   960
Ton malheureux amant aura bien moins de peine
A mourir par ta main qu'à vivre avec ta haine.

CHIMÈNE.

Va, je ne te hais point.

DON RODRIGUE.

Tu le dois.

CHIMÈNE.

Je ne puis.

DON RODRIGUE.

Crains-tu si peu le blâme, et si peu les faux bruits ?
Quand on saura mon crime et que ta flamme dure,   965

Que ne publieront point l'envie et l'imposture !
Force-les au silence, et sans plus discourir,
Sauve ta renommée en me faisant mourir.

CHIMÈNE.

Elle éclate bien mieux en te laissant la vie ;
Et je veux que la voix de la plus noire envie   970
Élève au ciel ma gloire et plaigne mes ennuis,
Sachant que je t'adore et que je te poursuis.
Va-t'en, ne montre plus à ma douleur extrême
Ce qu'il faut que je perde, encore que je l'aime.
Dans l'ombre de la nuit cache bien ton départ :   975
Si l'on te voit sortir, mon honneur court hasard.
La seule occasion qu'aura la médisance,
C'est de savoir qu'ici j'ai souffert ta présence :
Ne lui donne point lieu d'attaquer ma vertu.

DON RODRIGUE.

Que je meure !

CHIMÈNE.

Va-t'en.

DON RODRIGUE.

A quoi te résous-tu ?   980

CHIMÈNE.

Malgré des feux si beaux, qui troublent ma colère,
Je ferai mon possible à bien venger mon père ;
Mais malgré la rigueur d'un si cruel devoir,
Mon unique souhait est de ne rien pouvoir.

DON RODRIGUE.

O miracle d'amour !

CHIMÈNE.

O comble de misères !   985

DON RODRIGUE.

Que de maux et de pleurs nous coûteront nos pères !

CHIMÈNE.

Rodrigue, qui l'eût cru ?

DON RODRIGUE.

Chimène, qui l'eût dit ?

CHIMÈNE.

Que notre heur fût si proche et sitôt se perdit ?

DON RODRIGUE.

Et que si près du port, contre toute apparence,
Un orage si prompt brisât notre espérance ?   990

CHIMÈNE.

Ah ! mortelles douleurs !

DON RODRIGUE.

Ah ! regrets superflus !

CHIMÈNE.

Va-t'en, encore un coup, je ne t'écoute plus.

DON RODRIGUE.

Adieu : je vais traîner une mourante vie,
Tant que par ta poursuite elle me soit ravie.

CHIMÈNE.

Si j'en obtiens l'effet, je t'engage ma foi   995
De ne respirer pas un moment après toi.
Adieu : sors, et surtout garde bien qu'on te voie.

ELVIRE.

Madame, quelques maux que le ciel nous envoie . . .

CHIMÈNE.

Ne m'importune plus, laisse-moi soupirer,
Je cherche le silence et la nuit pour pleurer.   1000

SCÈNE V.

DON DIÈGUE.

Jamais nous ne goûtons de parfaite allégresse !
Nos plus heureux succès sont mêlés de tristesse ;
Toujours quelques soucis en ces événements
Troublent la pureté de nos contentements.
Au milieu du bonheur mon âme en sent l'atteinte :   1005
Je nage dans la joie, et je tremble de crainte.
J'ai vu mort l'ennemi qui m'avait outragé ;
Et je ne saurais voir la main qui m'a vengé.
En vain je m'y travaille, et d'un soin inutile,
Tout cassé que je suis, je cours toute la ville :   1010
Ce peu que mes vieux ans m'ont laissé de vigueur
Se consume sans fruit à chercher ce vainqueur.
A toute heure, en tous lieux, dans une nuit si sombre,
Je pense l'embrasser, et n'embrasse qu'une ombre ;
Et mon amour, déçu par cet objet trompeur,   1015
Se forme des soupçons qui redoublent ma peur.
Je ne découvre point de marques de sa fuite ;
Je crains du Comte mort les amis et la suite ;
Leur nombre m'épouvante et confond ma raison.
Rodrigue ne vit plus, ou respire en prison.   1020
Justes cieux ! me trompé-je encore à l'apparence,
Ou si je vois enfin mon unique espérance ?
C'est lui, n'en doutons plus ; mes vœux sont exaucés,
Ma crainte est dissipée, et mes ennuis cessés.

SCÈNE VI.

Don Dièguе, Don Rodrigue.

DON DIÈGUE.

Rodrigue, enfin le ciel permet que je te voie !   1025

DON RODRIGUE.

Hélas !

DON DIÈGUE.

    Ne mêle point de soupirs à ma joie ;
Laisse-moi prendre haleine afin de te louer.
Ma valeur n'a point lieu de te désavouer :
Tu l'as bien imitée, et ton illustre audace
Fait bien revivre en toi les héros de ma race :   1030
C'est d'eux que tu descends, c'est de moi que tu viens :
Ton premier coup d'épée égale tous les miens ;
Et d'une belle ardeur ta jeunesse animée
Par cette grande épreuve atteint ma renommée.
Appui de ma Vieillesse, et comble de mon heur,   1035
Touche ces cheveux blancs à qui tu rends l'honneur,
Viens baiser cette joue, et reconnais la place
Où fut empreint l'affront que ton courage efface.

DON RODRIGUE.

L'honneur vous en est dû : je ne pouvais pas moins,
Étant sorti de vous et nourri par vos soins.   1040
Je m'en tiens trop heureux, et mon âme est ravie
Que mon coup d'essai plaise à qui je dois la vie ;
Mais parmi vos plaisirs ne soyez point jaloux
Si je m'ose à mon tour satisfaire après vous.
Souffrez qu'en liberté mon désespoir éclate ;   1045
Assez et trop longtemps votre discours le flatte.

Je ne me repens point de vous avoir servi ;
Mais rendez-moi le bien que ce coup m'a ravi.
Mon bras, pour vous venger, armé contre ma flamme,
Par ce coup glorieux m'a privé de mon âme ;   1050
Ne me dites plus rien ; pour vous j'ai tout perdu :
Ce que je vous devais, je vous l'ai bien rendu.

DON DIÈGUE.

Porte, porte plus haut le fruit de ta victoire :
Je t'ai donné la vie, et tu me rends ma gloire ;
Et d'autant que l'honneur m'est plus cher que le jour, 1055
D'autant plus maintenant je te dois de retour.
Mais d'un cœur magnanime éloigne ces faiblesses ;
Nous n'avons qu'un honneur, il est tant de maîtresses !
L'amour n'est qu'un plaisir, l'honneur est un devoir.

DON RODRIGUE.

Ah ! que me dites-vous ?

DON DIÈGUE.

Ce que tu dois savoir.   1060

DON RODRIGUE.

Mon honneur offensé sur moi-même se venge ;
Et vous m'osez pousser à la honte du change !
L'infamie est pareille, et suit également
Le guerrier sans courage et le perfide amant.
A ma fidélité ne faites point d'injure ;   1065
Souffrez-moi généreux sans me rendre parjure :
Mes liens sont trop forts pour être ainsi rompus ;
Ma foi m'engage encor si je n'espère plus ;
Et ne pouvant quitter ni posséder Chimène,
Le trépas que je cherche est ma plus douce peine.   1070

DON DIÈGUE.

Il n'est pas temps encor de chercher le trépas :
Ton prince et ton pays ont besoin de ton bras.
La flotte qu'on craignait, dans ce grand fleuve entrée,
Croit surprendre la ville, et piller la contrée.
Les Mores vont descendre, et le flux et la nuit   1075
Dans une heure à nos murs les amène sans bruit.
La cour est en désordre, et le peuple en alarmes :
On n'entend que des cris, on ne voit que des larmes.
Dans ce malheur public mon bonheur a permis
Que j'ai trouvé chez moi cinq cents de mes amis,   1080
Qui sachant mon affront, poussés d'un même zèle,
Se venaient tous offrir à venger ma querelle.
Tu les as prévenus ; mais leurs vaillantes mains
Se tremperont bien mieux au sang des Africains.
Va marcher à leur tête où l'honneur te demande :   1085
C'est toi que veut pour chef leur généreuse bande.
De ces vieux ennemis va soutenir l'abord :
Là, si tu veux mourir, trouve une belle mort ;
Prends-en l'occasion, puisqu'elle t'est offerte ;
Fais devoir à ton roi son salut à ta perte ;   1090
Mais reviens-en plutôt les palmes sur le front.
Ne borne pas ta gloire à venger un affront ;
Porte-la plus avant : force par ta vaillance
La justice au pardon, et Chimène au silence ;
Si tu l'aimes, apprends que revenir vainqueur   1095
C'est l'unique moyen de regagner son cœur.
Mais le temps est trop cher pour le perdre en paroles ;
Je t'arrête en discours, et je veux que tu voles.
Viens, suis-moi, va combattre, et montrer à ton roi
Que ce qu'il perd au Comte il le recouvre en toi.   1100

ACTE IV.

SCÈNE PREMIÈRE.

CHIMÈNE, ELVIRE.

CHIMÈNE.

N'est-ce point un faux bruit ? le sais-tu bien, Elvire ?

ELVIRE.

Vous ne croiriez jamais comme chacun l'admire,
Et porte jusqu'au ciel, d'une commune voix,
De ce jeune héros les glorieux exploits.
Les Mores devant lui n'ont paru qu'à leur honte ;   1105
Leur abord fut bien prompt, leur fuite encor plus prompte.
Trois heures de combat laissent à nos guerriers
Une victoire entière et deux rois prisonniers.
La valeur de leur chef ne trouvait point d'obstacles.

CHIMÈNE.

Et la main de Rodrigue a fait tous ces miracles ?   1110

ELVIRE.

De ses nobles efforts ces deux rois sont le prix :
Sa main les a vaincus, et sa main les a pris.

CHIMÈNE.

De qui peux-tu savoir ces nouvelles étranges ?

78

ELVIRE.

Du peuple, qui partout fait sonner ses louanges,
Le nomme de sa joie et l'objet et l'auteur,   1115
Son ange tutélaire, et son libérateur.

CHIMÈNE.

Et le Roi, de quel œil voit-il tant de vaillance ?

ELVIRE.

Rodrigue n'ose encor paraître en sa présence ;
Mais don Diègue ravi lui présente enchaînés,
Au nom de ce vainqueur, ces captifs couronnés,   1120
Et demande pour grâce à ce généreux prince
Qu'il daigne voir la main qui sauve la province.

CHIMÈNE.

Mais n'est-il point blessé ?

ELVIRE.

                    Je n'en ai rien appris.
Vous changez de couleur ! reprenez vos esprits.

CHIMÈNE.

Reprenons donc aussi ma colère affaiblie :   1125
Pour avoir soin de lui faut-il que je m'oublie ?
On le vante, on le loue, et mon cœur y consent !
Mon honneur est muet, mon devoir impuissant !
Silence, mon amour, laisse agir ma colère :
S'il a vaincu deux rois, il a tué mon père ;   1130
Ces tristes vêtements, où je lis mon malheur,
Sont les premiers effets qu'ait produit sa valeur ;
Et quoi qu'on die ailleurs d'un cœur si magnanime,
Ici tous les objets me parlent de son crime.
    Vous qui rendez la force à mes ressentiments,   1135

Voiles, crêpes, habits, lugubres ornements,
Pompe que me prescrit sa première victoire,
Contre ma passion soutenez bien ma gloire ;
Et lorsque mon amour prendra trop de pouvoir,
Parlez à mon esprit de mon triste devoir,   1140
Attaquez sans rien craindre une main triomphante.

ELVIRE.

Modérez ces transports, voici venir l'Infante.

SCÈNE II.

L'Infante, Chimène, Léonor, Elvire.

L'INFANTE.

Je ne viens pas ici consoler tes douleurs ;
Je viens plutôt mêler mes soupirs à tes pleurs.

CHIMÈNE.

Prenez bien plutôt part à la commune joie,   1145
Et goûtez le bonheur que le ciel vous envoie,
Madame : autre que moi n'a droit de soupirer.
Le péril dont Rodrigue a su nous retirer,
Et le salut public que vous rendent ses armes,
A moi seule aujourd'hui souffrent encor les larmes :   1150
Il a sauvé la ville, il a servi son roi ;
Et son bras valeureux n'est funeste qu'à moi.

L'INFANTE.

Ma Chimène, il est vrai qu'il a fait des merveilles.

CHIMÈNE.

Déjà ce bruit fâcheux a frappé mes oreilles ;
Et je l'entends partout publier hautement   1155
Aussi brave guerrier que malheureux amant.

L'INFANTE.

Qu'a de fâcheux pour toi ce discours populaire ?
Ce jeune Mars qu'il loue a su jadis te plaire :
Il possédait ton âme, il vivait sous tes lois ;
Et vanter sa valeur, c'est honorer ton choix.   1160

CHIMÈNE.

Chacun peut le vanter avec quelque justice ;
Mais pour moi sa louange est un nouveau supplice.
On aigrit ma douleur en l'élevant si haut :
Je vois ce que je perds quand je vois ce qu'il vaut.
Ah ! cruels déplaisirs à l'esprit d'une amante !   1165
Plus j'apprends son mérite, et plus mon feu s'augmente :
Cependant mon devoir est toujours le plus fort,
Et, malgré mon amour, va poursuivre sa mort.

L'INFANTE.

Hier ce devoir te mit en une haute estime ;
L'effort que tu te fis parut si magnanime,   1170
Si digne d'un grand cœur, que chacun à la cour
Admirait ton courage et plaignait ton amour.
Mais croirais-tu l'avis d'une amitié fidèle ?

CHIMÈNE.

Ne vous obéir pas me rendrait criminelle.

L'INFANTE.

Ce qui fut juste alors ne l'est plus aujourd'hui.   1175
Rodrigue maintenant est notre unique appui,
L'espérance et l'amour d'un peuple qui l'adore,
Le soutien de Castille, et la terreur du More.
Le Roi même est d'accord de cette vérité,

Que ton père en lui seul se voit ressuscité ;   1180
Et si tu veux enfin qu'en deux mots je m'explique,
Tu poursuis en sa mort la ruine publique.
Quoi ! pour venger un père est-il jamais permis
De livrer sa patrie aux mains des ennemis ?
Contre nous ta poursuite est-elle légitime,   1185
Et pour être punis avons-nous part au crime ?
Ce n'est pas qu'après tout tu doives épouser
Celui qu'un père mort t'obligeait d'accuser :
Je te voudrais moi-même en arracher l'envie ;
Ôte-lui ton amour, mais laisse-nous sa vie.   1190

CHIMÈNE.

Ah ! ce n'est pas à moi d'avoir tant de bonté ;
Le devoir qui m'aigrit n'a rien de limité.
Quoique pour ce vainqueur mon âme s'intéresse,
Quoiqu'un peuple l'adore et qu'un roi le caresse,
Qu'il soit environné des plus vaillants guerriers,   1195
J'irai sous mes cyprès accabler ses lauriers.

L'INFANTE.

C'est générosité, quand pour venger un père
Notre devoir attaque une tête si chère ;
Mais c'en est une encor d'un plus illustre rang,
Quand on donne au public les intérêts du sang.   1200
Non, crois-moi, c'est assez que d'éteindre ta flamme ;
Il sera trop puni s'il n'est plus dans ton âme.
Que le bien du pays t'impose cette loi :
Aussi bien, que crois-tu que t'accorde le Roi ?

CHIMÈNE.

Il peut me refuser, mais je ne puis me taire.   1205

L'INFANTE.

Pense bien, ma Chimène, à ce que tu veux faire.
Adieu : tu pourras seule y songer à loisir.

CHIMÈNE.

Après mon père mort, je n'ai point à choisir.

SCÈNE III.

Don Fernand, Don Diègue, Don Arias, Don Rodrigue, Don Sanche.

DON FERNAND.

Généreux héritier d'une illustre famille,
Qui fut toujours la gloire et l'appui de Castille,   1210
Race de tant d'aïeux en valeur signalés,
Que l'essai de la tienne a sitôt égalés,
Pour te récompenser ma force est trop petite ;
Et j'ai moins de pouvoir que tu n'as de mérite.
Le pays délivré d'un si rude ennemi,   1215
Mon sceptre dans ma main par la tienne affermi,
Et les Mores défaits, avant qu'en ces alarmes
J'eusse pu donner ordre à repousser leurs armes,
Ne sont point des exploits qui laissent à ton roi
Le moyen ni l'espoir de s'acquitter vers toi.   1220
Mais deux rois tes captifs feront ta récompense.
Ils t'ont nommé tous deux leur Cid en ma présence :
Puisque Cid en leur langue est autant que seigneur,
Je ne t'envierai pas ce beau titre d'honneur.
   Sois désormais le Cid : qu'à ce grand nom tout cède ;   1225
Qu'il comble d'épouvante et Grenade et Tolède,
Et qu'il marque à tous ceux qui vivent sous mes lois
Et ce que tu me vaux, et ce que je te dois.

DON RODRIGUE.

Que Votre Majesté, Sire, épargne ma honte.
D'un si faible service elle fait trop de compte,   1230
Et me force à rougir devant un si grand roi
De mériter si peu l'honneur que j'en reçoi.
Je sais trop que je dois au bien de votre empire,
Et le sang qui m'anime, et l'air que je respire ;
Et quand je les perdrai pour un si digne objet,   1235
Je ferai seulement le devoir d'un sujet.

DON FERNAND.

Tous ceux que ce devoir à mon service engage
Ne s'en acquittent pas avec même courage ;
Et lorsque la valeur ne va point dans l'excès,
Elle ne produit point de si rares succès.   1240
Souffre donc qu'on te loue, et de cette victoire
Apprends-moi plus au long la véritable histoire.

DON RODRIGUE.

Sire, vous avez su qu'en ce danger pressant,
Qui jeta dans la ville un effroi si puissant,
Une troupe d'amis chez mon père assemblée   1245
Sollicita mon âme encor toute troublée. . . .
Mais, Sire, pardonnez à ma témérité,
Si j'osai l'employer sans votre autorité :
Le péril approchait ; leur brigade était prête ;
Me montrant à la cour, je hasardais ma tête ;   1250
Et s'il fallait la perdre, il m'était bien plus doux
De sortir de la vie en combattant pour vous.

DON FERNAND.

J'excuse ta chaleur à venger ton offense ;
Et l'État défendu me parle en ta défense :

Crois que dorénavant Chimène a beau parler,   1255
Je ne l'écoute plus que pour la consoler.
Mais poursuis.

DON RODRIGUE.

        Sous moi donc cette troupe s'avance,
Et porte sur le front une mâle assurance.
Nous partîmes cinq cents ; mais par un prompt renfort,
Nous nous vimes trois mille en arrivant au port,   1260
Tant, à nous voir marcher avec un tel visage,
Les plus épouvantés reprenaient de courage !
J'en cache les deux tiers, aussitôt qu'arrivés,
Dans le fond des vaisseaux qui lors furent trouvés ;
Le reste, dont le nombre augmentait à toute heure,   1265
Brûlant d'impatience autour de moi demeure,
Se couche contre terre, et sans faire aucun bruit,
Passe une bonne part d'une si belle nuit.
Par mon commandement la garde en fait de même,
Et se tenant cachée, aide à mon stratagème ;   1270
Et je feins hardiment d'avoir reçu de vous
L'ordre qu'on me voit suivre et que je donne à tous.
    Cette obscure clarté qui tombe des étoiles
Enfin avec le flux nous fait voir trente voiles ;
L'onde s'enfle dessous, et d'un commun effort   1275
Les Mores et la mer montent jusques au port.
On les laisse passer ; tout leur parait tranquille ;
Point de soldats au port, point aux murs de la ville.
Notre profond silence abusant leurs esprits,
Ils n'osent plus douter de nous avoir surpris ;   1280
Ils abordent sans peur, ils ancrent, ils descendent,
Et courent se livrer aux mains qui les attendent.
Nous nous levons alors, et tous en même temps
Poussons jusques au ciel mille cris éclatants.

Les nôtres à ces cris de nos vaisseaux répondent ;   1285
Ils paraissent armés, les Mores se confondent,
L'épouvante les prend à demi descendus ;
Avant que de combattre, ils s'estiment perdus.
Ils couraient au pillage, et rencontrent la guerre ;
Nous les pressons sur l'eau, nous les pressons sur terre, 1290
Et nous faisons courir des ruisseaux de leur sang,
Avant qu'aucun résiste, ou reprenne son rang.
Mais bientôt, malgré nous, leurs princes les rallient ;
Leur courage renaît, et leurs terreurs s'oublient :
La honte de mourir sans avoir combattu   1295
Arrête leur désordre, et leur rend la vertu.
Contre nous de pied ferme ils tirent leurs alfanges,
De notre sang au leur font d'horribles mélanges ;
Et la terre, et le fleuve, et leur flotte, et le port,
Sont des champs de carnage où triomphe la mort.   1300
    O combien d'actions, combien d'exploits célèbres
Sont demeurés sans gloire au milieu des ténèbres,
Où chacun, seul témoin des grands coups qu'il donnait,
Ne pouvait discerner où le sort inclinait !
J'allais de tous côtés encourager les nôtres,   1305
Faire avancer les uns, et soutenir les autres,
Ranger ceux qui venaient, les pousser à leur tour,
Et ne l'ai pu savoir jusques au point du jour.
Mais enfin sa clarté montre notre avantage :
Le More voit sa perte, et perd soudain courage ;   1310
Et voyant un renfort qui nous vient secourir,
L'ardeur de vaincre cède à la peur de mourir.
Ils gagnent leurs vaisseaux, ils en coupent les câbles,
Poussent jusques aux cieux des cris épouvantables,
Font retraite en tumulte, et sans considérer   1315
Si leurs rois avec eux peuvent se retirer.
Pour souffrir ce devoir leur frayeur est trop forte :

Le flux les apporta ; le reflux les remporte,
Cependant que leurs rois, engagés parmi nous,
Et quelque peu des leurs, tous percés de nos coups,   1320
Disputent vaillamment et vendent bien leur vie.
A se rendre moi-même en vain je les convie :
Le cimeterre au poing ils ne m'écoutent pas ;
Mais voyant à leurs pieds tomber tous leurs soldats,
Et que seuls désormais en vain ils se défendent,   1325
Ils demandent le chef : je me nomme, ils se rendent.
Je vous les envoyai tous deux en même temps ;
Et le combat cessa faute de combattants.
  C'est de cette façon que, pour votre service . . .

SCÈNE IV.

DON FERNAND, DON DIÈGUE, DON RODRIGUE,
DON ARIAS, DON ALONSE, DON SANCHE.

DON ALONSE.

Sire, Chimène vient vous demander justice.   1330

DON FERNAND.

La fâcheuse nouvelle, et l'importun devoir !
Va, je ne la veux pas obliger à te voir,
Pour tous remercîments il faut que je te chasse ;
Mais avant que sortir, viens, que ton roi t'embrasse.

                    (*Don Rodrigue rentre.*)

DON DIÈGUE.

Chimène le poursuit, et voudrait le sauver.   1335

DON FERNAND.

On m'a dit qu'elle l'aime, et je vais l'éprouver.
Montrez un œil plus triste.

SCÈNE V.

Don Fernand, Don Diègue, Don Arias, Don
Sanche, Don Alonse, Chimène, Elvire.

DON FERNAND.

                         Enfin soyez contente,
Chimène, le succès répond à votre attente :
Si de nos ennemis Rodrigue a le dessus,
Il est mort à nos yeux des coups qu'il a reçus ;   1340
Rendez grâces au ciel, qui vous en a vengée.
            (*A don Diègue.*)
Voyez comme déjà sa couleur est changée.

DON DIÈGUE.

Mais voyez qu'elle pâme, et d'un amour parfait,
Dans cette pâmoison, Sire, admirez l'effet.
Sa douleur a trahi les secrets de son âme,   1345
Et ne vous permet plus de douter de sa flamme.

CHIMÈNE.

Quoi ! Rodrigue est donc mort ?

DON FERNAND.

                         Non, non, il voit le jour,
Et te conserve encore un immuable amour :
Calme cette douleur qui pour lui s'intéresse.

CHIMÈNE.

Sire, on pâme de joie, ainsi que de tristesse :   1350
Un excès de plaisir nous rend tous languissants,
Et quand il surprend l'âme, il accable les sens.

DON FERNAND.

Tu veux qu'en ta faveur nous croyions l'impossible?
Chimène, ta douleur a paru trop Visible.

CHIMÈNE.

Eh bien ! Sire, ajoutez ce comble à mon malheur,   1355
Nommez ma pâmoison l'effet de ma douleur :
Un juste déplaisir à ce point m'a réduite.
Son trépas dérobait sa tête à ma poursuite ;
S'il meurt des coups reçus pour le bien du pays,
Ma vengeance est perdue, et mes desseins trahis :   1360
Une si belle fin m'est trop injurieuse.
Je demande sa mort, mais non pas glorieuse,
Non pas dans un éclat qui l'élève si haut,
Non pas au lit d'honneur, mais sur un échafaud ;
Qu'il meure pour mon père, et non pour la patrie ;   1365
Que son nom soit taché, sa mémoire flétrie.
Mourir pour le pays n'est pas un triste sort ;
C'est s'immortaliser par une belle mort.
    J'aime donc sa victoire, et je le puis sans crime ;
Elle assure l'État, et me rend ma Victime,   1370
Mais noble, mais fameuse entre tous les guerriers,
Le chef, au lieu de fleurs, couronné de lauriers ;
Et pour dire en un mot ce que j'en considère,
Digne d'être immolée aux mânes de mon père . . .
    Hélas ! à quel espoir me laissé-je emporter !   1375
Rodrigue de ma part n'a rien à redouter :
Que pourraient contre lui des larmes qu'on méprise ?
Pour lui tout votre empire est un lieu de franchise ;
Là, sous votre pouvoir, tout lui devient permis ;
Il triomphe de moi comme des ennemis.   1380
Dans leur sang répandu la justice étouffée
Aux crimes du vainqueur sert d'un nouveau trophée.

Nous en croissons la pompe, et le mépris des lois
Nous fait suivre son char au milieu de deux rois.

DON FERNAND.

Ma fille, ces transports ont trop de violence. 1385
Quand on rend la justice, on met tout en balance :
On a tué ton père, il était l'agresseur ;
Et la même équité m'ordonne la douceur.
Avant que d'accuser ce que j'en fais paraître,
Consulte bien ton cœur : Rodrigue en est le maitre, 1390
Et ta flamme en secret rend grâces à ton roi,
Dont la faveur conserve un tel amant pour toi.

CHIMENE.

Pour moi ! mon ennemi ! l'objet de ma colère !
L'auteur de mes malheurs ! l'assassin de mon père !
De ma juste poursuite on fait si peu de cas 1395
Qu'on me croit obliger en ne m'écoutant pas !
　Puisque vous refusez la justice à mes larmes,
Sire, permettez-moi de recourir aux armes ;
C'est par là seulement qu'il a su m'outrager,
Et c'est aussi par là que je me dois venger. 1400
A tous vos cavaliers je demande sa téte :
Oui, qu'un d'eux me l'apporte, et je suis sa conquête ;
Qu'ils le combattent, Sire ; et le combat fini,
J'épouse le vainqueur, si Rodrigue est puni.
Sous votre autorité souffrez qu'on le publie. 1405

DON FERNAND.

Cette vieille coutume en ces lieux établie,
Sous couleur de punir un injuste attentat,
Des meilleurs combattants affaiblit un État ;
Souvent de cet abus le succès déplorable
Opprime l'innocent, et soutient le coupable. 1410

J'en dispense Rodrigue : il m'est trop précieux
Pour l'exposer aux coups d'un sort capricieux ;
Et quoi qu'ait pu commettre un cœur si magnanime,
Les Mores en fuyant ont emporté son crime.

DON DIÈGUE.

Quoi ! Sire, pour lui seul, vous renversez des lois   1415
Qu'a vu toute la cour observer tant de fois !
Que croira votre peuple, et que dira l'envie,
Si sous votre défense il ménage sa vie,
Et s'en fait un prétexte à ne paraître pas
Où tous les gens d'honneur cherchent un beau trépas ? 1420
De pareilles faveurs terniraient trop sa gloire :
Qu'il goûte sans rougir les fruits de sa victoire.
Le Comte eut de l'audace ; il l'en a su punir :
Il l'a fait en brave homme, et le doit maintenir.

DON FERNAND.

Puisque vous le voulez j'accorde qu'il le fasse ;   1425
Mais d'un guerrier vaincu mille prendraient la place,
Et le prix que Chimène au vainqueur a promis
De tous mes cavaliers ferait ses ennemis.
L'opposer seul à tous serait trop d'injustice :
Il suffit qu'une fois il entre dans la lice.   1430
   Choisis qui tu voudras, Chimène, et choisis bien ;
Mais après ce combat ne demande plus rien.

DON DIÈGUE.

N'excusez point par là ceux que son bras étonne :
Laissez un champ ouvert, où n'entrera personne.
Après ce que Rodrigue a fait voir aujourd'hui,   1435
Quel courage assez vain s'oserait prendre à lui ?
Qui se hasarderait contre un tel adversaire ?
Qui serait ce vaillant, ou bien ce téméraire :

DON SANCHE.

Faites ouvrir le champ : vous voyez l'assaillant ;
Je suis ce téméraire, ou plutôt ce vaillant.   1440
    Accordez cette grâce à l'ardeur qui me presse,
Madame : vous savez quelle est votre promesse.

DON FERNAND.

Chimène, remets-tu ta querelle en sa main ?

CHIMÈNE.

Sire, je l'ai promis.

DON FERNAND.

                    Soyez prêt à demain.

DON DIÈGUE.

Non, Sire, il ne faut pas différer davantage :   1445
On est toujours trop prêt quand on a du courage.

DON FERNAND.

Sortir d'une bataille, et combattre à l'instant !

DON DIÈGUE.

Rodrigue a pris haleine en vous la racontant.

DON FERNAND.

Du moins une heure ou deux je veux qu'il se délasse.
Mais de peur qu'en exemple un tel combat ne passe,   1450
Pour témoigner à tous qu'à regret je permets
Un sanglant procédé qui ne me plut jamais,
De moi ni de ma cour il n'aura la présence.
                                (Il parle à don Arias.)
    Vous seul des combattants jugerez la vaillance :
Ayez soin que tous deux fassent en gens de cœur,   1455
Et le combat fini, m'amenez le vainqueur.
Quel qu'il soit, même prix est acquis à sa peine ;

Je le veux de ma main présenter à Chimène,
Et que pour récompense il reçoive sa foi.

CHIMÈNE.

Quoi ! Sire, m'imposer une si dure loi !   1460

DON FERNAND.

Tu t'en plains ; mais ton feu, loin d'avouer ta plainte,
Si Rodrigue est vainqueur, l'accepte sans contrainte.
Cesse de murmurer contre un arrêt si doux ,
Qui que ce soit des deux, j'en ferai ton époux.

ACTE V.

SCÈNE PREMIÈRE.

DON RODRIGUE, CHIMÈNE.

CHIMÈNE.

Quoi ! Rodrigue, en plein jour ! d'où te vient cette audace ?
Va, tu me perds d'honneur ; retire-**toi** de grâce.   1466

DON RODRIGUE.

Je vais mourir, Madame, et vous viens en ce lieu,
Avant le coup mortel, dire un dernier adieu :
Cet immuable amour qui sous vos lois m'engage
N'ose accepter ma mort sans vous en faire hommage. 1470

CHIMÈNE.

Tu vas mourir !

DON RODRIGUE.

             Je cours à ces heureux moments
Qui vont livrer ma vie à vos ressentiments.

CHIMÈNE.

Tu vas mourir !   Don Sanche est-il si redoutable
Qu'il donne l'épouvante à ce cœur indomptable ?
Qui t'a rendu si faible, ou qui le rend si fort ?   1475
Rodrigue va combattre, et se croit déjà mort !
Celui qui n'a pas craint les Mores, ni mon père,

Va combattre don Sanche, et déjà désespère !
Ainsi donc au besoin ton courage s'abat !

DON RODRIGUE.

Je cours à mon supplice, et non pas au combat ;   1480
Et ma fidèle ardeur sait bien m'ôter l'envie,
Quand vous cherchez ma mort, de défendre ma vie.
  J'ai toujours même cœur ; mais je n'ai point de bras
Quand il faut conserver ce qui ne vous plait pas ;
Et déjà cette nuit m'aurait été mortelle,   1485
Si j'eusse combattu pour ma seule querelle ;
Mais défendant mon roi, son peuple et mon pays,
A me défendre mal je les aurais trahis.
Mon esprit généreux ne hait pas tant la vie,
Qu'il en veuille sortir par une perfidie.   1490
Maintenant qu'il s'agit de mon seul intérêt,
Vous demandez ma mort, j'en accepte l'arrêt.
Votre ressentiment choisit la main d'un autre
(Je ne méritais pas de mourir de la vôtre) :
On ne me verra point en repousser les coups ;   1495
Je dois plus de respect à qui combat pour vous ;
Et ravi de penser que c'est de vous qu'ils viennent,
Puisque c'est votre honneur que ses armes soutiennent,
Je vais lui présenter mon estomac ouvert,
Adorant en sa main la vôtre qui me perd.   1500

CHIMÈNE.

Si d'un triste devoir la juste violence,
Qui me fait malgré moi poursuivre ta vaillance,
Prescrit à ton amour une si forte loi
Qu'il te rend sans défense à qui combat pour moi,
En cet aveuglement ne perds pas la mémoire   1505
Qu'ainsi que de ta vie il y va de ta gloire,

Et que dans quelque éclat que Rodrigue ait vécu,
Quand on le saura mort, on le croira vaincu.
   Ton honneur t'est plus cher que je ne te suis chère,
Puisqu'il trempe tes mains dans le sang de mon père, 1510
Et te fait renoncer, malgré ta passion,
A l'espoir le plus doux de ma possession :
Je t'en vois cependant faire si peu de compte,
Que sans rendre combat tu veux qu'on te surmonte.
Quelle inégalité ravale ta vertu ? 1515
   Pourquoi ne l'as-tu plus, ou pourquoi l'avais-tu ?
Quoi ? n'es-tu généreux que pour me faire outrage ?
S'il ne faut m'offenser, n'as-tu point de courage ?
Et traites-tu mon père avec tant de rigueur,
Qu'après l'avoir vaincu tu souffres un vainqueur ? 1520
Va, sans vouloir mourir, laisse-moi te poursuivre,
Et défends ton honneur, si tu ne veux plus vivre.

DON RODRIGUE.

Après la mort du Comte, et les Mores défaits,
Faudrait-il à ma gloire encor d'autres effets ?
Elle peut dédaigner le soin de me défendre : 1525
On sait que mon courage ose tout entreprendre,
Que ma valeur peut tout, et que dessous les cieux,
Auprès de mon honneur, rien ne m'est précieux.
Non, non, en ce combat, quoi que vous veuillez croire,
Rodrigue peut mourir sans hasarder sa gloire, 1530
Sans qu'on l'ose accuser d'avoir manqué de cœur,
Sans passer pour vaincu, sans souffrir un vainqueur.
On dira seulement : "Il adorait Chimène ;
Il n'a pas voulu vivre et mériter sa haine ;
Il a cédé lui-même à la rigueur du sort 153.
Qui forçait sa maitresse à poursuivre sa mort :
Elle voulait sa tête ; et son cœur magnanime,

S'il l'en eût refusée, eût pensé faire un crime.
Pour venger son honneur il perdit son amour,
Pour venger sa maitresse il a quitté le jour.   1540
Préférant, quelque espoir qu'eût son âme asservie,
Son honneur à Chimène, et Chimène à sa vie."
Ainsi donc vous verrez ma mort en ce combat,
Loin d'obscurcir ma gloire, en rehausser l'éclat ;
Et cet honneur suivra mon trépas volontaire   1545
Que tout autre que moi n'eût pu vous satisfaire.

CHIMÈNE.

Puisque, pour t'empêcher de courir au trépas,
Ta vie et ton honneur sont de faibles appas,
Si jamais je t'aimai, cher Rodrigue, en revanche,
Défends-toi maintenant pour m'ôter à don Sanche ;   1550
Combats pour m'affranchir d'une condition
Qui me donne à l'objet de mon aversion.
Te dirai-je encor plus ? va, songe à ta défense,
Pour forcer mon devoir, pour m'imposer silence ;
Et si tu sens pour moi ton cœur encore épris,   1555
Sors vainqueur d'un combat dont Chimène est le prix.
Adieu : ce mot lâché me fait rougir de honte.

DON RODRIGUE.

Est-il quelque ennemi qu'à présent je ne dompte?
Paraissez, Navarrais, Mores et Castillans,
Et tout ce que l'Espagne a nourri de vaillants ;   1560
Unissez-vous ensemble, et faites une armée,
Pour combattre une main de la sorte animée :
Joignez tous vos efforts contre un espoir si doux ;
Pour en venir à bout, c'est trop peu que de vous.

SCÈNE. II.

L'Infante.

T'écouterai-je encor, respect de ma naissance,   1565
      Qui fais un crime de mes feux ?
T'écouterai-je, amour, dont la douce puissance
Contre ce fier tyran fait révolter mes vœux ?
      Pauvre princesse, auquel des deux
      Dois-tu prêter obéissance ?   1570
Rodrigue, ta valeur te rend digne de moi ;
Mais pour être vaillant, tu n'es pas fils de roi.

Impitoyable sort, dont la rigueur sépare
      Ma gloire d'avec mes désirs !
Est-il dit que le choix d'une vertu si rare   1575
Coûte à ma passion de si grands déplaisirs ?
      O cieux ! à combien de soupirs
      Faut-il que mon cœur se prépare,
Si jamais il n'obtient sur un si long tourment
Ni d'éteindre l'amour, ni d'accepter l'amant ?   1580

Mais c'est trop de scrupule, et ma raison s'étonne
      Du mépris d'un si digne choix :
Bien qu'aux monarques seuls ma naissance me donne,
Rodrigue, avec honneur je vivrai sous tes lois.
      Après avoir vaincu deux rois,   1585
      Pourrais-tu manquer de couronne ?
Et ce grand nom de Cid que tu viens de gagner
Ne fait-il pas trop voir sur qui tu dois régner ?

Il est digne de moi, mais il est à Chimène ;
      Le don que j'en ai fait me nuit.   1590

Entre eux la mort d'un père a si peu mis de haine,
Que le devoir du sang à regret le poursuit :
     Ainsi n'espérons aucun fruit
     De son crime, ni de ma peine,
Puisque pour me punir le destin a permis   1595
Que l'amour dure même entre deux ennemis.

SCÈNE III.

L'INFANTE, LÉONOR.

L'INFANTE.

Où viens-tu Léonor ?

LÉONOR.

     Vous applaudir, Madame,
Sur le repos qu'enfin a retrouvé votre âme.

L'INFANTE.

D'où Viendrait ce repos dans un comble d'ennui ?

LÉONOR.

Si l'amour vit d'espoir, et s'il meurt avec lui,   1600
Rodrigue ne peut plus charmer votre courage.
Vous savez le combat où Chimène l'engage :
Puisqu'il faut qu'il y meure, ou qu'il soit son mari,
Votre espérance est morte, et votre esprit guéri.

L'INFANTE.

Ah ! qu'il s'en faut encor !

LÉONOR.

     Que pouvez-vous prétendre ? 1605

L'INFANTE.

Mais plutôt quel espoir me pourrais-tu défendre ?
Si Rodrigue combat sous ces conditions,
Pour en rompre l'effet, j'ai trop d'inventions.
L'amour, ce doux auteur de mes cruels supplices,
Aux esprits des amants apprend trop d'artifices.   1610

LÉONOR.

Pourrez-vous quelque chose, après qu'un père mort
N'a pu dans leurs esprits allumer de discord ?
Car Chimène aisément montre par sa conduite
Que la haine aujourd'hui ne fait pas sa poursuite.
Elle obtient un combat, et pour son combattant   1615
C'est le premier offert qu'elle accepte à l'instant :
Elle n'a point recours à ces mains généreuses
Que tant d'exploits fameux rendent si glorieuses ;
Don Sanche lui suffit, et mérite son choix,
Parce qu'il va s'armer pour la première fois.   1620
Elle aime en ce duel son peu d'expérience ;
Comme il est sans renom, elle est sans défiance ;
Et sa facilité vous doit bien faire voir
Qu'elle cherche un combat qui force son devoir,
Qui livre à son Rodrigue une victoire aisée,   1625
Et l'autorise enfin à paraître apaisée.

L'INFANTE.

Je le remarque assez, et toutefois mon cœur
A l'envi de Chimène adore ce vainqueur.
A quoi me résoudrai-je, amante infortunée ?

LÉONOR.

A vous mieux souvenir de qui vous êtes née :   1630
Le ciel vous doit un roi, vous aimez un sujet !

L'INFANTE.

Mon inclination a bien changé d'objet.
Je n'aime plus Rodrigue, un simple gentilhomme;
Non, ce n'est plus ainsi que mon amour le nomme:
Si j'aime, c'est l'auteur de tant de beaux exploits,   1635
C'est le valeureux Cid, le maître de deux rois.

    Je me vaincrai pourtant, non de peur d'aucun blâme,
Mais pour ne troubler pas une si belle flamme;
Et quand pour m'obliger on l'aurait couronné,
Je ne veux point reprendre un bien que j'ai donné.   1640
Puisqu'en un tel combat sa victoire est certaine,
Allons encore un coup le donner à Chimène.
Et toi, qui vois les traits dont mon cœur est percé,
Viens me voir achever comme j'ai commencé.

SCÈNE IV.

CHIMÈNE, ELVIRE.

CHIMÈNE.

Elvire, que je souffre, et que je suis à plaindre!   1645
Je ne sais qu'espérer, et je vois tout à craindre;
Aucun vœu ne m'échappe où j'ose consentir;
Je ne souhaite rien sans un prompt repentir.
A deux rivaux pour moi je fais prendre les armes:
Le plus heureux succès me coûtera des larmes;   1650
Et quoi qu'en ma faveur en ordonne le sort,
Mon père est sans vengeance, ou mon amant est mort.

ELVIRE.

D'un et d'autre côté je vous vois soulagée:
Ou vous avez Rodrigue, ou vous êtes vengée;

Et quoi que le destin puisse ordonner de vous,   1655
Il soutient votre gloire, et vous donne un époux.

CHIMÈNE.

Quoi ! l'objet de ma haine ou de tant de colère !
L'assassin de Rodrigue ou celui de mon père !
De tous les deux côtés on me donne un mari
Encor tout teint du sang que j'ai le plus chéri ;   1660
De tous les deux côtés mon âme se rebelle ;
Je crains plus que la mort la fin de ma querelle.
Allez, vengeance, amour, qui troublez mes esprits,
Vous n'avez point pour moi de douceurs à ce prix ;
Et toi, puissant moteur du destin qui m'outrage,   1665
Termine ce combat sans aucun avantage,
Sans faire aucun des deux ni vaincu ni vainqueur.

ELVIRE.

Ce serait vous traiter avec trop de rigueur.
Ce combat pour votre âme est un nouveau supplice,
S'il vous laisse obligée à demander justice,   1670
A témoigner toujours ce haut ressentiment,
Et poursuivre toujours la mort de votre amant.
Madame, il vaut bien mieux que sa rare vaillance,
Lui couronnant le front, vous impose silence ;
Que la loi du combat étouffe vos soupirs,   1675
Et que le Roi vous force à suivre vos désirs.

CHIMÈNE.

Quand il sera vainqueur, crois-tu que je me rende ?
Mon devoir est trop fort, et ma perte trop grande ;
Et ce n'est pas assez pour leur faire la loi,
Que celle du combat et le vouloir du Roi.   1680
Il peut vaincre don Sanche avec fort peu de peine,

Mais non pas avec lui la gloire de Chimène ;
Et quoi qu'à sa victoire un monarque ait promis,
Mon honneur lui fera mille autres ennemis.

ELVIRE.

Gardez, pour vous punir de cet orgueil étrange,   1685
Que le ciel à la fin ne souffre qu'on vous venge.
Quoi ! vous voulez encor refuser le bonheur
De pouvoir maintenant vous taire avec honneur ?
Que prétend ce devoir, et qu'est-ce qu'il espère ?
La mort de votre amant vous rendra-t-elle un père ?   1690
Est-ce trop peu pour vous que d'un coup de malheur ?
Faut-il perte sur perte, et douleur sur douleur ?
Allez, dans le caprice où votre humeur s'obstine,
Vous ne méritez pas l'amant qu'on vous destine ;
Et nous verrons du ciel l'équitable courroux   1695
Vous laisser, par sa mort, don Sanche pour époux.

CHIMÈNE.

Elvire, c'est assez des peines que j'endure,
Ne les redouble point de ce funeste augure.
Je veux, si je le puis, les éviter tous deux ;
Sinon, en ce combat Rodrigue a tous mes vœux :   1700
Non qu'une folle ardeur de son côté me penche ;
Mais s'il était vaincu, je serais à don Sanche :
Cette appréhension fait naître mon souhait.
Que vois-je, malheureuse ?   Elvire, c'en est fait.

SCÈNE V.

Don Sanche, Chimène, Elvire.

DON SANCHE.

Obligé d'apporter à vos pieds cette épée . . .   1705

CHIMÈNE.

Quoi ? du sang de Rodrigue encor toute trempée ?
Perfide, oses-tu bien te montrer à mes yeux,
Après m'avoir ôté ce que j'aimais le mieux ?
    Éclate, mon amour, tu n'as plus rien à craindre :
Mon père est satisfait, cesse de te contraindre.   1710
Un même coup a mis ma gloire en sûreté,
Mon âme au désespoir, ma flamme en liberté.

DON SANCHE.

D'un esprit plus rassis . . .

CHIMÈNE.

                    Tu me parles encore,
Exécrable assassin d'un héros que j'adore ?
Va, tu l'as pris en traître ; un guerrier si vaillant   1715
N'eût jamais succombé sous un tel assaillant.
N'espère rien de moi, tu ne m'as point servie :
En croyant me venger, tu m'as ôté la vie.

DON SANCHE.

Étrange impression, qui loin de m'écouter . .

CHIMÈNE.

Veux-tu que de sa mort je t'écoute vanter,   1720
Que j'entende à loisir avec quelle insolence
Tu peindras son malheur, mon crime et ta vaillance ?

SCÈNE VI.

Don Fernand, Don Diègue, Don Arias, Don Sanche, Don Alonse, Chimène, Elvire.

CHIMÈNE.

Sire, il n'est plus besoin de vous dissimuler
Ce que tous mes efforts ne vous ont pu celer.
J'aimais, vous l'avez su ; mais pour venger mon père, 1725
J'ai bien voulu proscrire une tête si chère :
Votre Majesté, Sire, elle-même a pu voir
Comme j'ai fait céder mon amour au devoir.
Enfin Rodrigue est mort, et sa mort m'a changée
D'implacable ennemie en amante affligée. 1730
J'ai dû cette vengeance à qui m'a mise au jour,
Et je dois maintenant ces pleurs à mon amour.
Don Sanche m'a perdue en prenant ma défense,
Et du bras qui me perd je suis la récompense !
  Sire, si la pitié peut émouvoir un roi, 1735
De grâce, révoquez une si dure loi ;
Pour prix d'une victoire où je perds ce que j'aime,
Je lui laisse mon bien ; qu'il me laisse à moi-même ;
Qu'en un cloître sacré je pleure incessamment,
Jusqu'au dernier soupir, mon père et mon amant. 1740

DON DIÈGUE.

Enfin elle aime, Sire, et ne croit plus un crime
D'avouer par sa bouche un amour légitime.

DON FERNAND.

Chimène, sors d'erreur, ton amant n'est pas mort,
Et don Sanche vaincu t'a fait un faux rapport.

DON SANCHE.

Sire, un peu trop d'ardeur malgré moi l'a déçue :   1745
Je venais du combat lui raconter l'issue.
Ce généreux guerrier, dont son cœur est charmé :
" Ne crains rien, m'a-t-il dit, quand il m'a désarmé ;
Je laisserais plutôt la victoire incertaine,
Que de répandre un sang hasardé pour Chimène ;   1750
Mais puisque mon devoir m'appelle auprès du Roi,
Va de notre combat l'entretenir pour moi,
De la part du vainqueur lui porter ton épée."
Sire, j'y suis venu : cet objet l'a trompée ;
Elle m'a cru vainqueur, me voyant de retour,   1755
Et soudain sa colère a trahi son amour
Avec tant de transport et tant d'impatience,
Que je n'ai pu gagner un moment d'audience.
    Pour moi, bien que vaincu, je me répute heureux ;
Et malgré l'intérêt de mon cœur amoureux,   1760
Perdant infiniment, j'aime encore ma défaite,
Qui fait le beau succès d'une amour si parfaite.

DON FERNAND.

Ma fille, il ne faut point rougir d'un si beau feu,
Ni chercher les moyens d'en faire un désaveu.
Une louable honte en vain t'en sollicite :   1765
Ta gloire est dégagée, et ton devoir est quitte ;
Ton père est satisfait, et c'était le venger
Que mettre tant de fois ton Rodrigue en danger.
Tu vois comme le ciel autrement en dispose.
Ayant tant fait pour lui, fais pour toi quelque chose,   1770
Et ne sois point rebelle à mon commandement,
Qui te donne un époux aimé si chèrement.

SCÈNE VII.

Don Fernand, Don Diègue, Don Rodrigue, Don Alonse, Don Sanche, L'Infante, Chimène, Léonor, Elvire.

L'INFANTE.

Sèche tes pleurs, Chimène, et reçois sans tristesse
Ce généreux vainqueur des mains de ta princesse.

DON RODRIGUE.

Ne vous offensez point, Sire, si devant vous   1775
Un respect amoureux me jette à ses genoux.
   Je ne viens point ici demander ma conquête :
Je viens tout de nouveau vous apporter ma tête,
Madame ; mon amour n'emploiera point pour moi
Ni la loi du combat, ni le vouloir du Roi.   1780
Si tout ce qui s'est fait est trop peu pour un père,
Dites par quels moyens il vous faut satisfaire.
Faut-il combattre encor mille et mille rivaux,
Aux deux bouts de la terre étendre mes travaux,
Forcer moi seul un camp, mettre en fuite une armée,   1785
Des héros fabuleux passer la renommée ?
Si mon crime par là se peut enfin laver,
J'ose tout entreprendre, et puis tout achever ;
Mais si ce fier honneur, toujours inexorable,
Ne se peut apaiser sans la mort du coupable,   1790
N'armez plus contre moi le pouvoir des humains :
Ma tête est à vos pieds, vengez-vous par vos mains ;
Vos mains seules ont droit de vaincre un invincible ;
Prenez une vengeance à tout autre impossible.
Mais du moins que ma mort suffise à me punir :   1795

Ne me bannissez point de votre souvenir ;
Et puisque mon trépas conserve votre gloire,
Pour vous en revancher conservez ma mémoire,
Et dites quelquefois, en déplorant mon sort :
" S'il ne m'avait aimée, il ne serait pas mort." 1800

CHIMÈNE.

Relève-toi, Rodrigue.   Il faut l'avouer, Sire,
Je vous en ai trop dit pour m'en pouvoir dédire.
Rodrigue a des vertus que je ne puis haïr ;
Et quand un roi commande. on lui doit obéir.
Mais à quoi que déjà vous m'ayez condamnée, 1805
Pourrez-vous à vos yeux souffrir cet hyménée ?
Et quand de mon devoir vous voulez cet effort,
Toute votre justice en est-elle d'accord ?
Si Rodrigue à l'État devient si nécessaire,
De ce qu'il fait pour vous dois-je être le salaire, 1810
Et me livrer moi-même au reproche éternel
D'avoir trempé mes mains dans le sang paternel ?

DON FERNAND.

Le temps assez souvent a rendu légitime
Ce qui semblait d'abord ne se pouvoir sans crime :
Rodrigue t'a gagnée, et tu dois être à lui. 1815
Mais quoique sa valeur t'ait conquise aujourd'hui,
Il faudrait que je fusse ennemi de ta gloire,
Pour lui donner sitôt le prix de sa victoire.
Cet hymen différé ne rompt point une loi
Qui, sans marquer de temps, lui destine ta foi. 1820
Prends un an, si tu veux, pour essuyer tes larmes.
    Rodrigue, cependant il faut prendre les armes.
Après avoir vaincu les Mores sur nos bords,
Renversé leurs desseins, repoussé leurs efforts,

Va jusqu'en leur pays leur reporter la guerre,   1825
Commander mon armée, et ravager leur terre :
A ce seul nom de Cid ils trembleront d'effroi ;
Ils t'ont nommé seigneur, et te voudront pour roi.
Mais parmi tes hauts faits sois-lui toujours fidèle :
Reviens-en, s'il se peut, encor plus digne d'elle ;   1830
Et par tes grands exploits fais-toi si bien priser,
Qu'il lui soit glorieux alors de t'épouser.

DON RODRIGUE.

Pour posséder Chimène, et pour votre service,
Que peut-on m'ordonner que mon bras n'accomplisse ?
Quoi qu'absent de ses yeux il me faille endurer,   1835
Sire, ce m'est trop d'heur de pouvoir espérer.

DON FERNAND.

Espère en ton courage, espère en ma promesse ;
Et possédant déjà le cœur de ta maitresse,
Pour vaincre un point d'honneur qui combat contre toi,
Laisse faire le temps, ta vaillance et ton roi.   1840

NOTES.

Page 1. — 1. **Madame de Combalet.** In the editions 1648-
1656 this dedication reads "A Madame la Duchesse d'Aiguillon."
Beginning with the general edition of 1660, the dedications and prefaces of the plays published previous to that date were suppressed,
and the "Examens" took their place. The patroness of the poet
here addressed was Marie-Madeleine de Vignerot, a niece of Richelieu
who had married Antoine de Beauvoir, Seigneur de Combalet. He
had been killed in the campaign of 1621. She became later on lady
of honor to the queen, and in 1638 was made Duchesse d'Aiguillon.
She died in 1675. Tallemant des Réaux, in his *Historiettes* (vol. ii,
p. 26, etc.), says it was due to her example that widows began to
wear all colors excepting green.

2. **a gagné des batailles après sa mort.** In Castro's *Mocedades
del Cid* (Act II, Sc. 7 of Mérimée's edition) the Cid shames his at-
tendants by rescuing a leper from a ditch by the roadside, and then
clothing him and giving him food from his own dish. The hero soon
after falls asleep. A strange sensation, caused by the leper breathing
the Holy Spirit into his body, wakens him. He sees the leper clad in
white, hears from him that he has befriended Saint Lazarus, receives
the saint's blessing, and with it the promise that he shall conquer his
enemies even after death. This promise was fulfilled when his widow,
besieged in Valencia by the Moors, broke through their lines by caus-
ing the Cid's body to be placed on his horse, and advancing with him
thus defiant against the terror-stricken foe.

3. **et ne dédaigne point d'employer.** Refers to the quarrel of
Le Cid, and the supposed intercession of Mme de Combalet with the
Cardinal in Corneille's behalf.

AVERTISSEMENT.

This preface is found only in the editions 1648–1656.

Page 3. — 1. **Mariana.** Juan de (1536–1624). A Spanish historian. He wrote a history of Spain, at first in Latin, then translated it into Spanish, publishing the translation from 1601 on. Corneille made a mistake in his reference and printed L. 4° for L. 9°.

2. **Avia pocos dias,** etc. Corneille has juggled with the text. Mariana had written that Rodrigo was now thirty years old, and that the duel had taken place " a few days before " that anniversary. Corneille would make it appear that the duel preceded the wedding by " a few days." The Spanish play allows approximately a year and a half between these two events, while the romances speak of Ximena as being a mere child when she was orphaned. See " Romance primero " at the end of the " Avertissement."

The translation of the passage is: " A few days before, he had fought a duel with don Gomez, Count of Gormaz. He overcame him and killed him. The consequence of this deed was that he married donna Ximena, daughter and heiress of this very count. She herself demanded of the king that he should either be given to her as husband — for she was much taken with his person and prowess — or that he should be punished according to law for the death of her father. The marriage took place, pleasing every one; through which — the large dowry of his wife increasing the property he received from his father — he grew in power and wealth."

3. **Deux chroniques du Cid.** Probably the *Cronica general* of Alphonso the Wise and the *Cronica del Cid*, a revision of a part of the former. Both of these chronicles had been edited several times during the sixteenth century.

Page 4. — 1. **davantage que** = *plus que.* A phrase which was in good use as late as the eighteenth century.

2. **de Charlemagne et de Roland.** Corneille refers to the popularized prose versions of the mediæval epics. The bookseller Costé of Rouen was one of the most extensive publishers of these chap-books at the beginning of the seventeenth century.

3. **que les rois d'Aragon et de Navarre.** These daughters were perhaps of the blood royal through their mother Ximena. Their real names may have been Christina and Maria. In fiction they are called

Elvira and Sol. The Infant of Aragon may have been Berengar III, Count of Barcelona. See Introduction, under " History and Legend."

4. **celui qui . . . en français.** Louis de Mayerne Turquet (a. 1550–1618), author of a *Histoire générale d'Espagne*, published at Lyons in 1587. The third edition appeared at Paris in 1635, just as Corneille was about to write his *Cid*. See Marty-Laveaux ed. vol. iii, p. 81, note 2.

5. **l'a notée** = *l'a blâmée.* A meaning quite common at the time.

6. **les traductions,** etc. Fontenelle, Corneille's nephew, says in his *Vie de Corneille* (" Œuvres," vol. ii, p. 338) that his uncle had collected the translations of *Le Cid* which had appeared during his lifetime. The English translation in verse, by J. Rutter, dates from 1637 ; the Flemish, in prose, from 1641. The Italian must also have appeared before 1648, the date of this preface.

Page 5.— 1. **Engañarse engañando.** This comedy is found in the second volume of Castro's works, published at Valencia in 1625. Corneille does not quote this edition exactly, and may have used a copy of another edition. Trans. "Deceived while Deceiving."

2. **Béarn.** Old province in the extreme south-west of France.

3. **A mirar,** etc. " If the world were right in this, that having appetites to overcome and occasions to avoid, tests the worth of a woman, I would say what I think, because it would be a glory for my honor. But evil speaking, based on misconstrued ideas of honor, makes open faults of conquered temptations. And thus she who heightens desire by her resistance conquers twice if she joins silence to resistance." — A good instance of the swollen conceits warranted by the literary fashion of the day.

4. **Ses mœurs sont inégalement égales.** Corneille discusses this opinion of Aristotle in his *Discours du poème dramatique* (Marty-Laveaux ed. vol. i, p. 37).

5. **La première est,** etc., refers to the self-constituted tribunal of the Academy, which Corneille never recognized.

6. **M. de Balzac.** Jean-Louis Guez de Balzac (1597–1655) was a letter-writer and essayist, and also historiographer to Louis XIII. But incurring Richelieu's hostility, he retired to his estate near Angoulême, whence he corresponded with the literary men of the capital. The quotation, "dans son désert," refers to a letter he wrote to

Scudéry, in answer to the receipt of the latter's *Observations sur le Cid.* Balzac, without openly taking sides, there reveals his admiration for the play.

Page 6. — 1. **des deux derniers trésors.** A collection of Balzac's letters in two parts, published in 1647. Balzac was the first to elaborate that prose style which has come to be known in France as "academic."

2. **d'avoir compromis de.** The lexicographers of the seventeenth century allowed *de* with *compromettre* only in the legal sense of submitting a suit to arbitration. See "Lexique" of Marty-Laveaux ed.

3. **et tourner sans scrupule,** etc. An obscure phrase, which probably means that Aristotle's opinions on tragedy were twisted to serve the private interests of the judge, and in that way obtained for the latter the Cardinal's favor.

4. **Aristote ne s'est pas expliqué si clairement,** etc. The critics of the day claimed that Aristotle's *Poetics* was the source of the rule of the three unities. Corneille took up this statement later on, and examined it in his *Discours des trois unités* (1660). He concludes that Aristotle advises approximate unity of time, but has nothing to say about unity of place. Corneille infers, therefore, that the latter should depend on the nature of the subject, but should not extend beyond the limits of a single town (ed. vol. i, pp. 117-120). Nevertheless, the subsequent plays of our author reveal, all of them, the efforts he made to conform to the very rules he so lightly passes over here.

Page 7. — 1. **qui n'a été réglé que par Horace.** The Greeks knew of no divisions of plays into acts and scenes. When the actors were not on the stage the chorus came forward with a hymn or with opinions delivered in song. But Horace, in his *Ars poetica* (v. 189, 190), shows that the Romans had made laws for the internal structure of dramas, and affirms that these should not contain more nor less than five acts. Seneca, whom the Renaissance playwrights took for their model, divides his tragedies into five acts, which are separated from one another by choruses. For the discussion of this subject see J. Lemaitre's *Corneille et la Poétique d'Aristote* (Paris, 1888, brochure).

2. **épithète.** Notice that the gender was still masculine, following its neuter etymon in Latin.

Page 8. — 1. **qu'un des plus doctes commentateurs,** etc. This is the Italian philologist, Francesco Robortello (1516–1567), who edited, in 1548, Aristotle's *Poetics*. Corneille speaks of him again in this connection in his *Discours de la tragédie* (ed. vol. i, pp. 33, 59). The play referred to is evidently Sophocles' *Œdipus Tyrannus*.

2. **J'oubliais,** etc. For the quotations acknowledged by Corneille, see Marty-Laveaux ed. vol. iii, pp. 199–207.

3. **d'une autre lettre.** Italics. All the editions published by Corneille, as well as the one edited by his brother Thomas, in 1692, also print in italics all the quotations made by the actors in their parts.

Page 9. — 1. **Romance primero.** This romance and the one following were probably taken from the " Romancero del Cid," published at Alcalá in 1612. They are numbered 735 and 739, respectively, in Duran's edition in the *Biblioteca de autores españoles*, vols. x and xvi. Corneille's spelling differs but slightly from the forms given here, which are taken from the Marty-Laveaux ed. He, however, commenced every line with a capital, contrary to the Spanish custom. The rhyme, which connects the second and fourth verses only in each strophe, is assonance, on the tonic syllable.

Translation of the first romance : " Donna Ximena came before the King of Leon one evening to demand justice for the death of her father. She demands it on the Cid, don Rodrigo of Bivar, who made her an orphan when she was a child and quite young. ' Whether I am right or not, O King, you understand and know well that the affairs of honor cannot be concealed. Every day that dawns I see the wolf of my blood, a horseman on a horse, [go by] to give me greater grief. Command him, good King, since you can do so, not to frequent my street, for a man of merit does not avenge himself on women. If my father insulted his, he has well avenged his father; and if death pays for honor, let this suffice him for his payment. You hold me in ward; do not consent to my being disturbed, since he who offends me does offense to your crown.' — ' Be still, donna Ximena, you afflict me sore; I will offer a good remedy for your ills. I must not offend the Cid, for he is a man of great worth, and defends my realms, and I wish him to guard them for me. But I will come to an agreement with him, which shall not be a bad thing for you, and I will get his promise to marry you.' Ximena was satisfied with the favor she was granted, that the very one who made her an orphan should protect her.''

Page 10. — 1. Translation of the second romance: '' From Ximena and Rodrigo the king received their word and hand to join them together in the presence of Layn Calvo. Their old enmities were reconciled by love, for where love presides many wrongs are forgotten. . . . The betrothed ones came there together, and on giving the bride his hand and embrace, the Cid looked at her and said to her, much troubled, ' I killed your father, Ximena, but not treacherously; I killed him man to man to avenge a real injury. I killed a man and I give a man; here am I at your orders, and you have received an honored husband in the place of the father slain.' This was approved by all; they praised his discreetness, and thus was celebrated the marriage of Rodrigo the Castilian.''

2. **Layn Calvo.** According to Mariana, a judge of Castile and the Cid's ancestor in the fourth generation. But the romances would seem to make him Rodrigo's grandfather.

EXAMEN.

Page 11. — 1. Corneille first published the '' Examens '' to his plays in the general edition of 1660, where they displaced the former prefaces. There they were grouped together at the beginning of the volume which contained the plays to which they belonged. Thomas Corneille separated them in his edition of 1692, and placed each individual '' Examen '' before its particular play. In these notices we find Corneille's own views of his work, his censure or defense of what he had done, his answer to his critics, and his preoccupation to have his method agree so far as may be with the rules for the unities.

2. **conduite,** *plan.*

3. **au** plaisir = *par le plaisir.*

4. **depuis cinquante ans.** The text here given is from the edition of 1682, Corneille's last revision. Some variations, in words and syntax, from the previous editions occur, and may be found in the foot-notes to the Marty-Laveaux edition (vol. iii, pp. 91–102).

5. **Aussi =** *C'est que.* — **les deux grandes conditions.** Already pointed out in the '' Avertissement,'' pp. 7, 8.

6. ni chez les modernes. The expression *si rarement* has evidently suggested *ni* here. See "Lexique" under *ni*.

7. Une maîtresse, etc. For a development of this idea see the *Discours de la tragédie* (ed. vol. i, p. 65).

Page 12.— 1. **s'accommodât . . . fortifiât.** We here adopt the reading which Corneille gave in all his editions. Marty-Laveaux has followed the correction of Thomas Corneille (ed. of 1692), which puts both these verbs in the plural. The plural seems better for the sense.

2. **Sors vainqueur,** etc. Line 1556 of *Le Cid.*

3. **Sans faire,** etc. Line 1667 of *Le Cid.*

Page 13. — 1. **déterminément** = *précisément.*

2. **bien qu'il donne plus de trois ans.** An error. Castro can hardly allow more than a year and a half for the duration of his action.

Page 14. — 1. **Les deux visites.** See Act III, Sc. 4; Act V, Sc. 1.

2. **avec un des premiers esprits.** This is Balzac. The reference is to his letter to Scudéry mentioned above.

3. **Aristote dit.** Allusion to c. 24 of his *Poetics*, where he says that if the plot contains anything improbable, " and nevertheless if it itself appears sufficiently reasonable, what is even absurd may be allowed in it. . . . But the style of the minor portions, which present neither manners nor ideas, must be carefully looked after."

4. **mais outre que je n'ai fait que la paraphraser de l'espagnol.** See the Spanish for l. 849–l. 997 of *Le Cid* in the Marty-Laveaux ed. vol. iii, pp. 203–205.

Page 15. —1. **J'ai dit ailleurs ma pensée touchant l'Infante et le Roi.** See *Discours du poème dramatique* (vol. i, p. 48), the " Examen " to *Clitandre* (vol. i, p. 272), and the " Examen " to *Horace* (vol. iii, pp. 277–279). In these three passages Corneille admits that the part of the Infanta is no help to the action, and that the king lacks dignity.

2. **le soufflet se donne en sa présence.** See *Las Mocedades*, Act I, Sc. 3. Cf. below note for l. 226 of *Le Cid.*

Page 16. — 1. **vingt et quatre.** Richelet's *Dictionnaire* (1680) says that custom was then beginning to authorize "vingt-deux," etc. However, the Academy's lexicon of 1694 would not admit the new term. See "Lexique," under *et.* In his first edition of the "Examen" (1660) Corneille wrote "vingt-quatre," both here and at the end of the next paragraph. See ed. vol. iii, p. 97, notes 1 and 2.

Page 17. — 1. **gêne,** *trouble.* Cf. below note for l. 105 of *Le Cid.*

2. **Je l'ai placé dans Séville.** See below, at beginning of the notes to *Le Cid*, the note on the stage setting.

3. **aie.** Old form of 3d sing. pres. sub. for *aiet.*

4. **le flux de la mer.** The tide is felt for more than thirty miles above Seville. Cf. below note for l. 626 of *Le Cid.*

5. **Cette arrivée des Maures.** See *Discours du poème dramatique* (ed. vol. i, p. 43).

6. **Rodrigue, n'osant plus se montrer à la cour.** In *Las Moce-dades* (Act II; Sc. 12) Rodrigo is sent by Don Diego to attack the Moors who had invaded Castile.

7. **se venir faire de fête** = *survenir, sans avoir été appelés.* See "Lexique," under *fête.*

8. **mais le lieu particulier change de scène en scène.** See Introduction under "The Unities in *Le Cid;*" also *Discours des trois unités* (ed. vol. i, p. 120).

Page 18. — 1. **dans sa maison,** etc. In Act I, Sc. 5, of *Las Mocedades.*

2. **Horace l'en dispense par ces vers.** The correct lines are:

> "Pleraque differat, et praesens in tempus omittat :
> Hoc amet, hoc spernat promissi carminis auctor."
>
> *(De arte poetica, V. 44, 45.)*

and

> "Semper ad eventum festinat" (v. 148).

Page 19. — 1. **les comédiens n'emploient à ces personnages muets,** etc. This interesting passage gives valuable information concerning the supernumeraries and the stage properties in Corneille's time. Candles furnished the only light for both actors and spectators until the invention of the Argand burner, shortly before the French Revolution. The tradition is still retained in the candelabras of to-day. The continual snuffing which thus went on must have had unfortunate results on the more dramatic situations, while the subsequent appearances of the snuffers as Spanish grandees or Roman citizens could not have conduced to the dignity of the action. Care in the use of supernumeraries is only of recent date. (See E. Despois, *Le théâtre sous Louis XIV*, pp. 150–154.)

2. **Les funérailles du Comte,** etc. Scudéry makes much of this defect in the plot, and wonders what Rodrigo's attitude was towards the father's dead body, which he must have passed in the outer hall on his way to the daughter's apartments. This situation, however, is found in the Spanish play. See *Las Mocedades*, Act II, Sc. 7–10.

3. **J'achève par une remarque,** etc. Horace's words are

> " Segnius irritant animos demissa per aurem,
> Quam quae sunt oculis subjecta fidelibus." . . .
>
> (*De arte poetica*, v. 180, 181.)

TEXT OF LE CID.

Acteurs was the usual term for the list of characters in the seventeenth century. The word " personnages " was substituted for it in the last part of the eighteenth.

Don Fernand. Ferdinand I, king of Castile and Leon from 1033 to 1065. He waged constant warfare against the Moors, and was frequently embroiled with his relatives, the rulers of neighboring states. He had two daughters, Urraca and Elvira.

Other names for his characters were suggested to Corneille by Mariana (see " Avertissement ") and by Guillen de Castro. See the latter's *Las Mocedades* for the changes in the parts of Don Sanche and Don Alonse.

Séville. Corneille, in his " Examen " (which see), confesses the anachronism of placing Seville under Christian rule at this time. It was, in fact, not redeemed until 1248.

For the place of the action, see also the " Examen " and under " The Unities in *Le Cid* " of Introduction. Nowadays the scenery in the play is changed at each change of locality.

ACTE I. Scène I.

The variants for the first two scenes (see below) now replace Scene I on the stage of the Comédie Française.

3. **encor.** A spelling still used in poetry, in order to avoid the extra syllable made before a consonant by the *e* of *encore.*

5. **à lire** = *en lisant.* Voltaire, in his *Commentaires sur Corneille,* censures this use of the infinitive with *à ;* yet it remains in good standing with modern authors.

10. **ne se peut trop entendre.** This position of *se,* before the auxiliary, instead of before its verb (*entendre*), was customary at the time, and is still affected by writers imbued with the classical tradition.

11. **feux de notre amour,** *our ardent love.* The affected sense given to *feux, chaînes* (l. 69), and so on, by the exquisites of the Hôtel de Rambouillet and their admirers influenced Corneille's language from the time he began to solicit favor with Parisian audiences. The father of these symbolical expressions — at least in the vernacular literature — seems to have been Petrarch, from whose sonnets indeed flowed the great current of euphuism. See Sonnet CVI of *In Vita di M. Laura.*

16. **me penche.** *Pencher* is in essence a neuter verb, but, in the seventeenth century, had the active meaning which *monter, descendre,* etc., sometimes assume nowadays.

20. **Attend . . . à choisir.** *A* is here for *pour ;* a common use among the classical dramatists, due, perhaps, to the influence of the Latin *ad* with the gerund.

23. **en faut encor faire.** Another illustration (see l. 10) of the position of the pronoun before the auxiliary verb.

25. **Elle est dans le devoir.** Littré cites this somewhat obscure passage under his first definition of the noun *devoir.* It seems to mean, "She is aware of what is fitting."

29. **n'a trait** = *n'a aucun trait.* Corneille is often influenced by the custom of the older language to suppress the article. Cf. l. 281, l. 882, etc.

35. **Ses rides sur,** etc. A genuine Cornelian verse, which has become famous. Racine parodies it in *Les Plaideurs* (l. 154), where he says of a bailiff: " Ses rides sur son front gravaient tous ses exploits," *exploit* here meaning " writ."

43. **à son fils.** Again, *à* for *pour*.

44. **regarde,** *belongs to.*

46. **souffrir,** *allow.* A meaning frequent in the seventeenth century.

49. **résolu,** *persuaded.* A meaning not infrequent in Corneille's plays.

51. **s'il prendra.** *Si* with the future is to be translated by " whether."

52. **contents,** *satisfied.* A frequent meaning in Corneille. See " Lexique."

55. **Un moment,** etc. Another sententious line of the dramatist's. Cf. l. 81.

SCÈNE II.

Notice that the place of the action changes for this scene. The stage is vacant for a time, the actors going out and those coming in being supposed to have no idea of one another's presence. For over a century (1734-1872) this scene was omitted, owing to the objection generally felt to the part of the Infanta.

62. **même désir** = *le même désir.* A permissible omission at the time.

64. **Demander en quel point.** A poor line, criticised by both Scudéry and Voltaire, and changed twice (see variants in Marty-Laveaux) by Corneille.

66. **traits,** *arrows* of Cupid. Somewhat affected.

67. **le tient de ma main,** *has received him from my hands.*

71. **parmi leurs bons succès.** Notice the original meaning of *succès* as a result of any kind. This meaning is not infrequent at the present day.

78. **à la tenir.** See note for l. 5.

79. **comme** = *comment.* A confusion which Malherbe fostered, but which was censured by the grammarian Vaugelas in his *Remarques sur la langue française* (1647). Notice the force gained by repeating *écoute.* Cf. l. 132.

82. **Ce jeune cavalier.** Corneille wrote at first *chevalier*, but the fashion of the time prevailed against his choice. *Cavalier* was a new word then, and meant " gentleman " as well as " horseman," while *chevalier* meant " horseman " and " knight." *Cavalier* was bor-

rowed from the Italians. Nowadays it is usually restricted to its literal meaning. See "Lexique," under *cavalier*.

88. **en son cœur.** The use of *en* was gradually narrowed during the seventeenth century; in such constructions as the one here it was finally displaced by *dans*.

91. **j'épandrai** = *je répandrai* to-day. See "Lexique."

94. **Le seul mérite** = *Le mérite seul*.

produire des flammes. Cf. note for l. 11. See also l. 104.

97. **Mais je n'en veux point,** etc. *But I will follow none* (examples) *where my dignity is compromised.*

98. **courage,** *steadfastness*. Stands often for *cœur* in the seventeenth century.

104. **Et j'allumai,** etc. Corneille is fond of antitheses, and no doubt has greatly influenced Hugo in this feature of the latter's style.

105. **mon âme gênée,** *my distressed* (or *tortured?*) *soul*. The word *gêner* has lost in intensity of meaning since the beginning of the seventeenth century. Corneille's use of it is therefore somewhat uncertain, as in this case.

108. **Si l'amour,** etc. Another of Corneille's sententious verses.

110. **triste aventure,** *sad experience* (in love).

111, 112. The rhyme here arises from the old pronunciation of *guari* for *guéri*. The word was so spelled in the sixteenth century.

114. **aimable,** *capable of being loved* (by me). The Latin sense of the word.

116. **déplaisir,** *affliction*. Another word which has lost force since 1636. Notice the inversion of subject and predicate.

117. **me contraigne.** Notice the subjunctive: "would constrain."

121. **je le crains et souhaite.** The omission of the pronoun object, as before *souhaite*, was not unknown in the seventeenth century, though the Academy censures this particular instance. It was a relic of the Renaissance Latinisms, which served the poets at times in good stead.

124. **Que je meurs,** etc. Corneille had written at first:

"Que je meurs s'il s'achève et ne s'achève pas."

Both Scudéry and the Academy censuring the omission of the subject after *et*, it was replaced by *ou* in the edition of 1660. The meaning is: "I shall die whether the marriage takes place or not."

135. Ma plus douce, etc. This antithesis is condemned by Scudéry, but praised by the Academy. Larroumet finds for all such phrases on "hope" and "despair" a model in Virgil's *Æneid*, II, l. 354: "Una salus victis nullam sperare salutem."

138. dedans. This adverb was often used for the preposition *dans*, and was allowed to poets by Vaugelas. See "Lexique."

SCÈNE III.

Boileau, aided by Racine, Furetière and Chapelle, parodied this scene and the remaining scenes of Act I, together with the second scene of Act II, in a burlesque, published under the title of *Chapelain décoiffé*. The piece is not a satire on *Le Cid*, but on Boileau's literary scape-goats, Chapelain, La Serre and Cassaigne, to whom are given the parts in his comedy. — Notice that the place of action changes again here. — In the eighteenth century version of *Le Cid* the actors began the play at this point. See Marty-Laveaux ed. vol. iii, p. 51.

151. vous l'emportez, *you gain the day*. The *l'* may here be neuter: "it."

152. Vous élève en un rang. *En* for *à*. See "Lexique."

153. prince de Castille. Don Sancho, the Sancho II of history (1065–1072).

157. Pour grands que = *Quelque grands que*.

163. Mais on doit, etc. The substitution of these two lines, in 1660, for the original (see variant in Marty-Laveaux ed.) appears like a direct flattery of the political views of Louis XIV. Cf. *Horace*, ll. 843–846.

173. Monsieur. The use of this word in tragedy ceased with Corneille. Even he sought to replace it with another term from 1660 on.

177-190. These verses are direct imitations of lines in *Las Mocedades*, as Corneille himself shows. See Marty-Laveaux ed. vol. iii, pp. 199 and 209.

191. d'un autre pouvoir, *of a greater power*. A common use of *autre* with good authors. The variant reads: "ont bien plus de pouvoir."

195. Si vous fûtes. Condition according to fact, rarely put in the preterit nowadays.

197. Grenade et l'Aragon. Granada was in the power of the

Moors, but Aragon was already a Christian kingdom under Ramiro I. However, Corneille does not pretend to be strictly historical (see " Examen," etc.), though he may refer here to the wars constantly waged between the Spanish states even in face of the common enemy. — The whole passage is a good portrayal of the Spanish boaster. Cf. *Le Menteur* and *L'Illusion comique.*

209. **Quand l'âge,** etc. Corneille's style was not devoid of imagery in his earlier plays. He represented a new era, and was not averse to what are since known as romantic phrases. Later his picturesqueness diminishes and almost disappears.

218. **En être refusé.** *Être refusé de quelque chose* is no longer admissible.

221. **Parlons-en mieux,** *Let us rather say.*

226. (Stage direction.) **Il lui donne un soufflet.** This blow is criticised by Voltaire as beneath tragic dignity. Later writers consider it eminently dramatic. It is borrowed from the Spanish play. See " Examen," pp. 19, 20.

227. **Achève, et prends ma vie** is parodied by Racine, in *Les Plaideurs*, with "Achève, prends ce sac " (1. 601).

228. **Le premier,** etc. A figure of speech censured by the Academy, but defended by Voltaire.

233. **en dépit de l'envie.** This line ironically repeats the cadence of l. 185. Compare also l. 234 with l. 186.

Scène IV.

Monologues were still in favor (see Introduction under " Plan and Versification "), though soon to fall before the attacks of the " common-sense " critics. By the middle of the century a confidant was almost obligatory. Here the idea was suggested by Act I, Sc. 6, of *Las Mocedades.*

249. **Faut-il de votre éclat.** *Votre* evidently looks to *dignité* for an antecedent, and *précipice*, in the previous line, may be taken as a synonym of *dignité.*

Scène V.

261. **Rodrigue, as-tu du cœur ?** The jealousy of Richelieu and his favorite dramatists, caused by the success of *Le Cid*, is well illustrated by what Tallemant des Réaux says regarding this passage, in his chapter on Boisrobert : " Pour divertir le Cardinal et contenter en

même temps l'envie qu'il avait contre *Le Cid*, il [Boisrobert] le fit jouer devant lui en ridicule par les laquais et les marmitons. Entre autres choses, en cet endroit où D. Diègue dit à son fils :

Rodrigue, as-tu du cœur ?

Rodrigue répondait :

Je n'ai que du carreau."

(*Historiettes*, vol. ii, p. 395.)

Boileau (or Racine), in *Chapelain décoiffé*, makes no attempt at a witticism here.

266. **Viens, mon fils,** etc., is also parodied by Racine with " . . . Viens, mon sang, viens, ma fille " (*Les Plaideurs*, l. 368).

272. **venger et punir.** Compare for rhetorical effect and force with *Meurs ou tue* (l. 275).

285. **l'offenseur.** From Scudéry's remarks it would seem that this word was unusual in his time. Garnier, however, used it in tragedy long before Corneille. See " Lexique."

289. **range,** *subjects*. Quite a common meaning in Corneille.

290. **Je vais,** etc. Alliteration is not at all in favor with French authors. Here it rather strengthens the emphasis of Don Diègue's closing words, while the combination of monosyllables (and the imperative mood also) illustrates his eagerness to be avenged.

SCÈNE VI.

The insertion of strophes, lyric in their nature, into the midst of the sober alexandrine couplets, was much practised by the dramatists of the Renaissance and their immediate successors. Even at the crowning-point of French tragedy Racine relies on them for much of the beauty which adorns *Esther* and *Athalie.* The origin of these strophes is undoubtedly to be found in the Greek tragic choruses, which were made known to the Renaissance dramatists through Seneca's Latin tragedies. The prominence those playwrights gave at first to the chorus was much diminished by Hardy, but the public still favored them, even when the lyric parts were intrusted to one actor, and the chorus was entirely banished. It is possible that this liking had been already cultivated, before the imitations of Seneca, by the hymns and songs which broke at intervals into the monotony of the old Mysteries and Miracle Plays. — These particular strophes in *Le Cid* met with great applause at its performance. Notice their antithetical

style, bringing out so clearly Rodrigue's struggle between love and
duty (honor). The ideas and refrain here were, however, suggested
by De Castro. See Act I, Sc. 10, of *Las Mocedades.*

294. injuste rigueur. *Du sort* to be supplied.

316. ensemble = *en même temps.*

322. Je dois à, *I have duties towards.* An absolute use of *devoir,*
censured by the Academy as "vague," but to be found elsewhere in
good writers. Cf. 1. 342.

331. tirer ma raison = *tirer raison,* "obtain satisfaction."

337. penser. The infinitive used as a substantive was much more
frequent in the seventeenth century than it is to-day. — In spite of the
rhetorical artifices which are so apparent in this soliloquy, the charm
of its thought and style has made it one of the favorite monologues of
the French drama. Its general popularity with court and nation is
attested by the many parodies which it has occasioned.

ACTE II. Scène I.

351. The original of this line contained the phrase "*je lui fis.*"
The Academy objected to the tense of the verb, preferring "*ai fait,*"
whereupon Corneille changed the couplet, to the detriment of the
sense. See variant, ed. vol. iii, p. 125.

352. l'a porté trop haut, *was too haughty about it.*

353. Mais, etc. Not a strictly tragic line, yet perhaps the more
emphatic for its familiar phrases.

355. Il y prend grande part, *He is much interested in it* (your
submission).

359. devoirs, *concessions.*

360. Qui passent, etc. The Academy found this line decidedly
commonplace, "et peu française."

368. Pour le faire abolir, *To have it pardoned.* For this technical
meaning of *abolir,* see "Lexique."
Tradition has preserved the following four verses (placed by Voltaire
after l. 368), which Corneille suppressed in his first edition of 1637,
on account of Richelieu's edicts against duelling: —

> " Ces satisfactions n'apaisent point une âme :
> Qui les reçoit n'a rien, qui les fait se diffame,
> Et de pareils accords l'effet le plus commun
> Est de perdre d'honneur deux hommes au lieu d'un. "

(See Marty-Laveaux ed. vol. iii, p. 17). The original of these four lines is to be found in the Spanish play.

370. Again Corneille poses, though somewhat earlier in date than in l. 163, as an advocate of the current views on royal authority.

373. **sur cette confiance,** *relying on this belief of yours.*

376. Larroumet notes an imitation of this rhythm in Racine's *Phèdre:* "Un jour seul ne fait point d'un mortel vertueux," etc. (l. 1099). — **Un** jour seul for *Un seul jour.*

378. A reminiscence of Cataline's sentiments. Cf. Sallust's *Catalina.*

385. **compte.** Corneille, however, always spells *conte* for *compte.*

390. The ancients believed that laurel was a protection against lightning. — Note the gender of *foudre.* Corneille wrote *la foudre* until 1660. See " Lexique."

391. **effet,** *some result.*

394. **fières,** *signal.*

Sainte-Beuve, in his second article on *Le Cid* (" Nouveaux Lundis," vol. vii), characterizes the Count's sentiments in this scene as " l'écho de cette altière et féodale arrogance que Richelieu achevait à peine d'abattre et de niveler " (p. 269).

Scène II.

399. **la même vertu** = *la vertu même.* Both phrases, having identical meaning, were in good use in the seventeenth century.

405, 406. One of Corneille's famous sentences, the idea of which has been often expressed in the literature of all times.

409. **Mes pareils,** etc., *Men such as I need no second introduction.*

416. **trop de force,** *strength and to spare.*

417. **rien impossible.** The omission of the partitive is quite frequent in Corneille, and is in keeping with his omission of the article.

418. **invaincu.** An unusual word, but not at all rare in the six-teenth and seventeenth centuries.

423, 424. These two lines contain the idea of the play: the conflict of love and honor.

428. **au choix.** The preposition *à* was given a wide use in the seventeenth century. Cf. ll. 264, 405, etc.

434. **A vaincre,** etc. A probable reminiscence of Seneca's "et scit eum sine gloria vinci qui sine periculo vincitur "(*De Providentia,* ch. 3).

439, 440. Sainte-Beuve declares these divided lines of attack and repulse, "l'essence de la tragédie," and peculiarly Corneille's glory. See, however, Seneca and *Las Mocedades*, for the same style of verse.

Scène III.

447. **pour le voir différer.** *Pour* with the infinitive, for *parce que* with a finite mood. See "Lexique."

448. **ennuis,** *torments.* A word which has to-day lost much of its force.

449. **bonace,** *calm at sea.*

454. **Au malheureux moment que.** After a noun of time or place, *que* is often found for *où, dans,* etc., in seventeenth century authors.

459. **impitoyable à** is found in other passages of our author. Now rarely used with a preposition.

464. **accommoder** = *mettre en accord.*

468. Unwise criticism on the part of the Academy caused Corneille to soften the stronger expression ("Les affronts à l'honneur," etc.) of the original text. Notice the equivocal rhyme.

476. **discord** = *discorde.* A word which was already passing out of use.

483. **Les hommes,** etc. Second repetition of the idea. Cf. ll. 405, 409. le refers to *valeureux.*

491, 492. Striking antitheses.

Scène IV.

502. **De ce palais.** A comparison with the variant ("Hors de la ville") shows that the author was not quite sure of the place of action in the second act.

505. **promptitude.** Her hasty departure on hearing the fatal news.

Scène V.

510–512. Further subtle plays on words.

524. **charmant poison.** A genuine conceit of the Italian variety.

532. **dessous** = *sous.* Condemned by Vaugelas as a preposition.

533. **en faire cas,** *make much of him,* or *enhance his worth.*

539. **Les Mores.** Corneille prefers this spelling in *Le Cid,* but writes "Maures" in his prose commentaries on the play.

541. **Le Portugal, etc.** An anachronism. The name Portugal was

first used under this same king of Castile, who made a province out of the land he won from the Moors in 1064–1065, and placed it in charge of a count.

ses nobles journées, *victories*, or *deeds;* an expression censured by the Academy.

542. delà les mers = *au delà des mers.*

548. Ensuite = *À la suite.*

553. Que veux-tu ? *What can you expect?*

Scène VI.

560. J'ai fait mon pouvoir = *J'ai fait ce que j'ai pu.*

574. tout bouillant, etc. An expression criticised by the Academy, but praised by Voltaire.

579–582. The assumption of dignity on the part of the king, and his quick retraction in these lines, reminds one strongly of Don Carlos' changes in Hugo's *Hernani* (Act II, Sc. 1). See below, l. 588.

589. son bras, nourri, etc. Censured by the Academy as an impossible conception.

592. Attendant, etc. *Until he learns of it, here is the one who will answer.*

596. Est meilleur ménager, *Is a better steward.*

598. le chef. In the variant, after line 260 (see ed. vol. iii, p. 119), Scudéry had criticised the use of *chef* for *tête* as antiquated, but the Academy had defended it. Scudéry was undoubtedly right, though *chef* in its literal meaning is occasionally found even down to the time of Chateaubriand.

603, 604. il a perdu d'honneur Celui, *he has dishonored him.* Notice also the overflow verse.

606. Au reste = *Cependant.* In the seventeenth century *au reste* was used with this meaning, even when there was a break in the subject of the conversation. See " Lexique."

609. du fleuve. The Guadalquivir, which flows by Seville.

617, 618. See note on *Séville* before Act I.

621. têtes, *leaders.*

626. Un flux de pleine mer. Corneille, in the "Examen" (p.17), confesses his ignorance of the exactness of this assertion. The tide, however, does flow beyond Seville, and the river is navigable for large vessels as far as Cordova.

628. **mal sûr** = *peu sûr.*

632. The careless way in which the king receives the news of the coming invasion, and his delay in taking measures to meet it, provokes sharp criticism from Sainte-Beuve, who adds that Corneille often makes his noble personages ridiculous. Corneille offers this same criticism in his " Examen," pp. 15, 16.

Scène VII.

634. On this line see Corneille's remarks in his " Examen," p. 15.

637. **toute en pleurs.** Vaugelas endeavored to fix the orthography of *tout* used as an adverb, but the adjective spelling generally prevailed throughout the seventeenth century.

641. **peine,** *punishment.*

Scène VIII.

The situation in this scene, where the heroine demands justice on her lover, excited Voltaire's admiration. The idea and sentences come from Guillen de Castro (Act II, Sc. 4). — Sainte-Beuve praises the swift fencing of the dialogue.

653. **doit la justice.** A more emphatic phrase than the customary *doit justice.*

656. **déplaisir.** See note for l. 116.

659. **Sire,** etc. These rhetorical and unnatural phrases did not provoke any criticism from our author's contemporaries, for they were greater sinners in such inflated sentiments than he. The influence of Seneca's bombastic tragedies was much felt by the Renaissance dramatists and their followers, and was perhaps perpetuated longer than was natural by the fashion of Gongorism. Cf. ll. 663, 676, 680. — The last two lines are imitated from the Spanish original.

690. **allégeance** = *soulagement.*

693–696. The variant, suppressed for its hyperbole, is a good commentary on these verses. See Marty-Laveaux ed. vol. iii, p. 144.

697. (Don Diègue.) Sainte-Beuve considers this reply most admirable: " Sa langue est la vraie langue du grand Corneille: c'est la pure moelle du lion; c'est la sève du vieux chêne " (" Nouveaux Lundis," vol. vii, p. 274).

703. **trop vécu,** *lived too long.* Other instances of *trop* for *trop longtemps* are to be found in the play. Cf. l. 615.

705–707. Larroumet is reminded of Virgil's:

"Quos neque Tydides, nec Larissaeus Achilles,
Non anni domuere decem, non mille carinae."

(*Æneid*, ll, ll. 197, 198.)

711. blanchis sous le harnois has become a stock quotation.

714. Descendaient. The imperfect indicative, for the past conditional, is used here as a more vivid form of statement.

721. A sonorous verse.

723. The variant of this line was condemned by the Academy, and the line itself by Voltaire. It is certainly prosy and lacking in force.

735. It is not Don Sancho, a suitor, but her relative, Peransules, who escorts Ximena in the Spanish play.

740. croître = *augmenter*. The use of *croître* as a transitive verb, condemned by Vaugelas, was nevertheless common in Corneille. It may be found in Racine also, and was sanctioned by the Academy's Dictionary. See "Lexique."

ACTE III. Scène I.

The scene here changes to Chimène's house.

749. meurtrier has here three syllables for the versification.

751. étonné = *stupéfait*. The word *étonner* has lost in force since the seventeenth century.

754. de mériter = *puisque je mérite*.

763. Corneille, to avoid the use of *heur*, which was becoming antiquated, changed the original of this line:

"Et d'un heur sans pareil je me verrai combler;"

yet in the phrase *cent morts* he hardly improved on his first choice, but rather confused the thought of the sentence.

771. voi. — Note the vividness of the description. — This old form of the first person sing. pres. ind. is still used in poetry, where the rhyme requires it. The *s* of the first person is not etymological (cf. Latin pres. ind.), but was added in French in all conjugations but the first through the influence of the ending of the second person.

Scène II.

The part of Don Sanche in the action is anything but interesting. He merely serves to bring out the love of Chimène for Rodrigue. The critics, however, think the intention of Corneille was to show how great devotion Chimène could inspire in her suitors. If this be true, then the purpose of the *rôle* is exactly similar to the idea which brings in the Infanta. The fact that Don Sancho in the Spanish play has no dealings with Ximena, and that the latter has no suitor other than Rodrigo, would seem to indicate that Corneille wished to make the relation of Don Sanche to Chimène the counterpart of the Infanta's to Rodrigue.

781. **Malheureuse!** An exclamation of self-pity most effective in revealing the heroine's real sentiments.

783, 784. Notice the resonance given these lines by their rich rhymes.

789. **Et que,** etc. *Que* is to avoid the repetition of *si*. — **dure** = *persiste*.

Scène III.

In the Spanish play (Act II, Sc. 9) there is no interview with any one but Elvira. Corneille has made a second interview evidently to suit the purpose mentioned above.

798. **a sa trame coupée.** This construction, which placed the object between the auxiliary and the past participle — the latter generally agreeing with it in gender and number — was becoming obsolete in Corneille's time, and he gradually dropped it.

799-802. A combination of rhetoric and Gongorism, which displeased Scudéry and was declared unnatural by Voltaire. The idea of 800-802 is from the Spanish. Cf. ll. 863, 864.

805, 806. The original read:

> " Par où sera jamais mon âme satisfaite,
> Si je pleure ma perte et la main qui l'a faite ? "

The Academy objected to "*je pleure . . . la main*" as an impossible conception, and Corneille sacrificed his couplet to meet this objection.

807. **qu'un tourment.** Translate *qu'* by " but."

817. **combat de colère et de flamme.** Notice the combination of a literal meaning (*colère*) with a figurative (*flamme*).

820. **consulte** = *délibère*.

822. **son intérêt m'afflige.** Criticised by the Academy for uniting a word meaning good or bad fortune (*intérêt*) with one meaning only bad (*afflige*). — **son intérêt.** See l. 917, note.

832. orrai. Future of *ouïr*. Corneille also uses other finite tenses of the verb, which are now obsolete.

848. Le poursuivre, etc. Voltaire and Sainte-Beuve agree in considering this verse an epitome of the play. It was suggested by the Spanish original, and reproduced most happily by Corneille.

SCÈNE IV.

Corneille comments on this scene in his " Examen " (p. 14).

855. Écoute-moi. The change of number from *vous* to *tu* is of great service to French dramatists, since they can indicate by it, most simply and strongly, a complete change in the situation.

857. avecque. This spelling became antiquated while Corneille was writing. He retains it where it is necessary to his verse.

864. Et fais-lui perdre, etc. Somewhat finical in its play on words and sentiment. Corneille is aware of this defect (cf. l. 866, etc.), and speaks of it in his " Examen " (pp. 14, 15). Cf. ll. 893, 894.

867. Notice the force gained by repeating "*Ôte-moi cet objet,*" from l. 859.

887. A moins que d' = *A moins d'*, a usage of the seventeenth century. See note for l. 1334. — **opposer.** The objects of *opposer* are the three following clauses, each introduced by *que*. — **appas** seems a decided affectation in such a genuine outburst of feeling.

895. et j'ai dû m'y porter, *I had to bring myself to it* (to offend you).

897. quitte. The adjective.

901. un père mort. See note for l. 1208.

906. fui is pronounced as one syllable.

911. que = *sinon*, a frequent meaning in the seventeenth century.

917. ton intérêt ici, *your share in the matter*, probably.

919. bien = *bonheur*.

923. te perdre, *destroy you.* Contrast with *perdu*, " lost."

927, 928. These lines are the imitation and the adaptation of ll. 871, 872. Such repetitions were considered dramatic and forceful. Cf. ll. 929, 930 and ll. 945, 946.

929. De quoi qu' = *De quelque chose que.* A favorite construction with Corneille, now quite unusual.

963. Va, je ne te hais point. A celebrated phrase.

974. encore que = *bien que.* Common in the seventeenth century.

984, etc. The disappearance of the arguments, based on duty and honor, before the regrets and tenderness of the leave-taking (which the shorter lines express so vividly) makes the scene unsurpassed in beauty and pathos. See Act II, Sc. 10, of the Spanish.

988. heur stands here as well as elsewhere in Corneille. It became antiquated at the end of the century. Cf. note for l. 763.

989, 990. A most eloquent and natural metaphor.

994. Tant que = *Jusqu'à ce que.* This phrase was censured — in variant to l. 894 — by the Academy, but it remained in good use, and still occurs.

997. garde bien qu'on te voie = *prends garde,* etc. Quite common, both with *ne* and without, in the poetry of the century.

Sainte-Beuve, in summing up this scene, says: " Telle est cette belle scène qui ne sera surpassée que par une seconde du même genre. L'exécution ne se soutient pas également dans toute la durée; mais quel beau motif, quelle belle musique, quel bel air, si les paroles manquent quelquefois! Nous avons là, au reste, le plus beau de Corneille. . . . Shakspeare n'aurait pas inventé cela; c'est trop peu naturel; il y a trop de compartiments, de contradictions subtiles; mais c'est beau, d'un beau qui suppose le chevalresque et le point d'honneur du Moyen-Age. Et aussi la partie humaine, éternelle, s'y retrouve: c'est l'amour " ("Nouv. Lundis," vol. vii, pp. 279, 280).

Scène V.

This scene (suggested by De Castro, Act II, Sc. 11), in spite of the admirable couplet with which it begins (compare, " Nos plaisirs les plus doux ne vont point sans tristesse, "*Horace,* l. 1407), has been censured by the critics for having no connection with the preceding dialogue, and consequently for interrupting the unity of action. — Notice that the actors come and go here, as elsewhere in the play, without seeing one another.

1004. contentements. The plural of this word was often used in seventeenth century poetry, and is even found in its earlier prose. See "Lexique."

1009. je m'y travaille = *je m'y applique.* This phrase, in good standing during the seventeenth century, became obsolete in the eighteenth.

1012. consume. The first editions have *consomme*. Vaugelas defined the two words, and led Corneille to the change indicated.

1022. Ou si je vois. This use of *si* in questions is censured by Voltaire, but is supported by the example of the best authors.

In the Spanish play Don Diego awaits Rodrigo at a place agreed upon by both, and speaks his part while listening to the distant gallop of Rodrigo's horse.

Scène VI.

1028. lieu = *raison.* Notice again the omission of the indefinite *de.*

1039, 1040. Larroumet recalls Malherbe's lines on the sons of Henry IV, in his sonnet to that king ("Poésies," XXV):

> ' Que toujours on dira qu'ils ne pouvaient moins faire,
> Puisqu'ils avaient l'honneur d'être sortis de vous " (ll. 13, 14).

1053. Porte . . . haut = *exalte.*

1062. change = *infidélité.* A common meaning at this time.

1064, 1065. Notice the maxims in this scene, especially here and in l. 1058 and l. 1059.

1076. amène. Notice the singular of the verb, found in every edition.

1080. cinq cents. The number given by Guillen de Castro (Act II, Sc. 12). This allusion to feudal customs suddenly transfers us from the absolute monarchy of Louis XIII to the lawless life of mediæval chivalry.

1082. Se venaient tous offrir. A striking example of the customary position of the pronoun, object of the dependent infinitive, in the first decades of the century.

1084. Larroumet finds here an echo of Horace's:

> " Audiet cives acuisse ferrum
> Quo graves Persae melius perirent."
> *(Odes,* I, c. 2, ll. 21, 22.)

The idea of the sentence was given by the Spanish play.

1090. Notice the syntax of this line.

1097. cher = *précieux.* Often found with this meaning in the literature of the century.

1100. au = *dans le.* See note for l. 428.

ACTE IV. Scène I.

Between the end of Act III and the beginning of Act IV there is an interval of several hours. The night has passed, and Rodrigue has defeated the Moors. Still, strictly speaking, unity of time may be observed in *Le Cid*, for the events of the preceding day may have all taken place toward evening. Corneille, in fact, implies that this was the case, when he says: " Je ne puis dénier que la règle des vingt et quatre heures presse trop les incidents de cette pièce " ("Examen," p. 16). Cf. also l. 1107 and Introduction under "The Unities in *Le Cid*."

1124. **reprenez** = *regagnez*.

1126. **Pour avoir** = *Parce que j'ai*. A construction with *pour* which is now coming into use again.

1132. **produit.** We have departed here from the reading of Marty-Laveaux ("produits"), because Corneille has *produit* in every edition. In the seventeenth century the rule for the agreement of the past participle with the object preceding was not universally recognized, though Corneille generally observed it. This is one of the few instances where he did not.

1133. **Et, quoi qu'on die.** This early form of the pres. subj. (*die* from *dicat*) was still found in good writers of the day. Molière's ridicule of Trissotin's sonnet in *Les Femmes Savantes* (l. 772) has made the phrase immortal.

1142. **voici venir.** This construction has gradually become obsolete, though it was perfectly good French.

Scène II.

All critics have censured this scene, which is merely a repetition of the former, the Infanta taking the place of Elvire.

1147. **autre que** = *nul autre que* nowadays.

1157. **discours,** *talk*.

1169. **Hier.** Pronounced as one syllable.

1196. **cyprès,** the sign of mourning; **lauriers,** the emblem of triumph.

1200. **donne** = *sacrifie*.

1208. **Après mon père mort.** A construction which is an imitation of Latin syntax. It was quite common with the authors of the time. Cf. "Examen," p. 15, ll. 8, 9; p. 18, l. 4; also ll. 901, 959, 1018, etc.

SCÈNE III.

Notice the declamatory beginning of the scene, like so many of Corneille's introductions to new situations. Cf. Act I, Sc. 3, Sc. 5; Act II, Sc. 7, etc.

1210. **de Castille.** Notice the omission of the article, not infrequent in the early classical period.

1211. **Race** = *fils.*

1212. **de la tienne.** Agrees with *valeur.*

1219. **Ne sont point.** The subjects of *sont* are the nouns *pays, sceptre,* and *Mores.* Notice that these are accompanied each by a past participle, a Latinism no longer in vogue.

1220. **vers** = *envers.* A usage lasting into the eighteenth century.

1223. **Puisque Cid,** etc. *Cid* is from the Arabic *seid,* meaning "lord." Tradition says that the title was given to Rodrigo by five Moorish kings whom he had conquered. Corneille gets his lines from a paraphrase of his Spanish original (Act II, Sc. 20), where, however, only four kings are cited.

1226. **Tolède.** This city remained under Moorish rule until 1085.

1229. **honte.** Both the Academy and Voltaire censure the use of *honte* for *pudeur.*

1232. **j'en reçoi.** The latter day grammarians reject *en* when referring to persons. Yet the seventeenth century favored it as more concise and clearer than the personal pronoun or possessive adjective. Cf. l. 533. See "Lexique." — Notice the omission of *s* in *reçoi.* See note for l. 771.

1239, 1240. Poor lines in style and rhythm.

1255. Adroit allusion to the main subject of the play, to keep it before the audience.

1264. **lors** = *alors.* Vaugelas' remarks on the proper use of *lors* induced Corneille to replace it with *alors* in various passages.

1268. **part** = *partie.*

1273. One of Corneille's famous verses, which the French critics compare with Milton's:

" No light ; but rather darkness visible " (*Paradise Lost,* I, l. 63).

1275. **L'onde s'enfle dessous.** Another poetical phrase most faithful to life.   Below, in l. 1281, Corneille is just as felicitous in his use of the technical term *ancrent*.

1283, etc.   This whole speech is an excellent example of the best qualities of French dramatic writing.   Descriptive, declamatory, concise, and flowing, Rodrigue's lines improve as they multiply.   Here are the summons to fight; farther on (l. 1301, etc.) the pæan of victory.

1286.   **se confondent,** *are thrown into confusion.*   Cf. l. 1293.

1297.   **alfanges,** *scimitars.*   A Spanish word (*alfanje*), borrowed this once only by Corneille.   The actors, to avoid its strangeness, now make use of the two lines of the variant.   See Marty-Laveaux ed. vol. iii, p. 173, note 4.

1298.   **au leur** = *avec le leur.*

1304.   **où le sort inclinait.**   Larroumet sees here Tacitus' "Neutro inclinaverat fortuna" (*Hist.,* III, c. 23).

1308.   The *l'* of *l'ai* must refer to *sort* in l. 1304.

1310.   The lines now become inferior in style, and lose in clearness.

1313.   **câbles.**   Nearly all the editions read *chables*, which is still the ordinary pronunciation of the word by the Seine boatmen.   Corneille, as a native and resident of Rouen, a Norman of Normandy, prided himself on his command of nautical terms, and used them in his earlier plays both freely and aptly.   See Introduction, under "Plan and Versification."

1317.   The original of this verse is better and clearer:

"Ainsi leur devoir cède à la frayeur plus forte."

1319.   **Cependant que** = *Pendant que.*   Vaugelas condemned *cependant* for *pendant*, but Corneille favored it, both in poetry and prose.   See "Lexique."

1328.   Another line which has become a familiar quotation. — Sainte-Beuve calls this speech a "Narration épique admirable. . . . C'est le plus noble des bulletins, le plus chevalresque des récits de guerre. . . . C'est le chant du clairon" ("Nouv. Lundis," vol. vii, pp. 287, 288).

SCÈNE IV.

1334.   **avant que sortir.**   In the sixteenth century *avant* was sometimes put directly before the infinitive.   Later, *avant que* was preferred, and, finally, Vaugelas insisted on *avant que de*, which, however, was often too long for the limitations of poetry. *Avant de* was used in the seventeenth century by second-rate writers only. Cf. l. 1288.

<h2 style="text-align:center">SCÈNE V.</h2>

1339. **Si de . . . le dessus.** Now *le dessus sur* is customary.

1340, 1341. Voltaire declares this stratagem, borrowed by Corneille from the Spanish (*Las Mocedades*, Act III, Sc. 6), to be beneath the dignity of tragedy, and surmises that the Academy let it pass because *Le Cid* was first entitled a tragi-comedy.

1343. **amour parfait.** The phrase "parfait amour" is a traditional one in France, and was an especial favorite in the sixteenth century. See Margaret of Navarre's *Heptameron*. Cf. *parfait amant* of l. 496.

1344. **pâmoison** is now antiquated.

1367, 1368. These two lines may have been inspired by Horace's

"Dulce et decorum est pro patria mori" (*Odes*, III, c. 2).

Corneille repeats the sentiment in his *Horace*:

"Mourir pour le pays est un si digne sort" (l. 441).

These two passages may have suggested to Rouget de l'Isle the refrain to his song *Roland à Roncevaux* (1792):

"Mourons pour la patrie,
    C'est le sort le plus beau,
    Le plus digne d'envie."

Alexandre Dumas took up this refrain in his novel *Le Chevalier de Maison-Rouge*, and expanded it into a song in the drama of the same name in 1847. The song became popular during the Revolution of 1848, and has ever since been known as the *Chant des Girondins*.

1372. **au lieu de fleurs.** Flowers adorned the sacrificial victim.

1378. **lieu de franchise,** *place of refuge.*

1382. **sert d'un nouveau trophée.** To-day *un* would be omitted. Corneille seems to prefer this construction, since it occurs elsewhere in his plays.

1383, 1384. Allusions to the triumphs of the Roman generals. — For **croissons** see note to l. 740. — **deux rois** must refer to the Moorish kings of l. 1108.

1388. **la même équité.** See note to l. 399.

1406. **Cette vieille coutume.** The mediæval one of demanding a champion to redress wrongs.

1414. Another familiar quotation. Sainte-Beuve says of it: "Après avoir longtemps parlé comme un bailli, ce roi tout d'un coup s'exprime en roi" ("Nouv. Lundis," vol. vii, pp. 290, 291).

1416. A poor line, in style and rhythm.

1424. **brave homme** = *homme brave.*

1445–1449. This haste to have all the fighting over with was due to Corneille's anxiety regarding the unity of time. He himself regretted later these lines, and says, in his *Discours de la tragédie*: "Je me suis toujours repenti d'avoir fait dire au Roi, dans *Le Cid*, qu'il voulait que Rodrigue se délassât une heure ou deux après la défaite des Maures avant que de combattre don Sanche : je l'avais fait pour montrer que la pièce était dans les vingt-quatre heures; et cela n'a servi qu'à avertir les spectateurs de la contrainte avec laquelle je l'y ai réduite. Si j'avais fait résoudre ce combat sans en désigner l'heure, peut-être n'y aurait-on pas pris garde" (Marty-Laveaux ed. vol. i, p. 96). Cf. also "Examen," p. 16.

1450–1453. Corneille here makes a concession to the edicts against duelling. Notice the construction.

1457. **Qui qu'il soit.** Seldom used for *quel qu'il soit.*

1459. **Et que pour récompense.** The Spanish author made Ximena promise to marry the opponent of Rodrigo in case he was victor. But the king took no sides and gave no such command as he does here. The Academy rightly censured this passage. See *Las Mocedades*, Act III, Sc. 6.

ACTE V. Scène I.

1469, 1470. These lines are a great improvement on the original in the variant, both in sense and style. Cf. ed. vol. iii, p. 182.

1479. **au besoin** = *dans le péril.* A not infrequent meaning in the poetry of the century.

1483. **même cœur** = *le même courage.*

1496. **à qui** = *à celui qui.* Cf. l. 417.

1499. **estomac ouvert** may not be considered particularly refined, yet it is found both in verse and prose down into the eighteenth century, *estomac* meaning *poitrine.*

1514. **rendre combat** = *livrer combat.* See "Lexique."

1518. S'il ne faut m'offenser, *Except to offend me.*

1522. Vo¹taire expresses great admiration for this verse.

1527. dessous = *sous.* Cf. note for l. 532.

1529. veuillez = *vouliez.* A form Corneille adopted, after much hesitation, instead of *veuilliez.* The form is still found in the imperative. Previous to the fifteenth century the ending of the regular verbs in *er* and *ir* for the 2d plu. pres. subj. was *ez.* For the other conjugations it was *iez,* a form which finally prevailed everywhere. Exceptions to both classes were found, and this is one of them.

1538. S'il l'en eût refusée. See note to l. 218.

1556. This famous line excited Scudéry's indignation, and led him to denounce the heroine as a most shameless character.

1559. Paraissez, etc. The actors formerly suppressed this outburst of enthusiasm and challenge to the whole world. Yet the critics praise it, and Sainte-Beuve says: "Il n'y a pas d'exagération possible dans un tel moment: c'est plein de grandeur" ("Nouv. Lundis," vol. vii, p. 296).

1564. c'est trop peu que de vous, *you are too few.* Construe the phrase.

Scène II.

This monologue of the Infanta is evidently designed to serve as pendant to Rodrigue's strophes at the end of Act I. Notice its great inferiority to its predecessor in both rhythm and sentiment.

1572. pour être = *quoique tu sois.*

1575. dit, *decreed.*

1579. sur, *from.*

1591. la mort d'un père. Notice that Corneille has substituted the more genuine French phrase for the Latin *un père mort* of the variant. Cf. l. 1208.

Scène III.

1601. courage = *cœur.* Here we find the reverse of l. 261 and l. 1483, where *cœur* meant *courage.*

1600, 1603, 1604. These lines are the repetition of the Infanta's verses in l. 108 and ll. 111, 112. Notice that *mari* and *guéri* rhyme as in l. 112.

1637–1640. Rather absurd reasons to be advanced by a princess.

1642. encore un coup, *once more.*

Scène IV.

1647. où = *auquel.* Cf. l. 1602.

1659, 1660. *mari* rhymes with *chéri*, pronounced *chari.* Cf. note for ll. 111, 112.

1661. se rebelle = *se révolte.* After the middle of the century *se rebeller* became antiquated.

1662. querelle. At the present day this word is ordinarily used only where two or more persons are concerned, and means "a lively dispute."

1680. le vouloir = *la volonté.* The infinitive as substantive was much more common in the older literature. —celle refers to *la loi.*

1685. Gardez = *Prenez garde.* See note for l. 997.

1691. See l. 1564.

1696. Voltaire claims that Elvire's arguments help to justify Chimène's attitude towards Rodrigue, and incline the spectator to desire the reconciliation of the lovers.

1701. penche. Corneille spelled *panche.*

Scène V.

The Academy is severe in its remarks on this scene, and says that Chimène's misapprehension is too long drawn out. This is evident when the play is read, but is less apparent when it is acted, owing to the sympathy excited in the audience by the heroine's emotion. — Notice, however, that the scene is much cut down from the original version (Marty-Laveaux ed. vol. iii, p. 192, note 3).

1706. Practically the same verse as l. 858, and intended to call attention to Chimène's affection for Rodrigue, as equal to her love for her father.

1715. tu l'as pris en traître, *you came upon him treacherously.*

Scène VI.

1726. bien = *certainement.*

1741. ne croit, for *ne le croit.*

1751. mon devoir. This "duty" seems gotten up on the spur of the moment, in order to justify the preceding scene; for Rodrigue has not yet reached the palace.

1753. lui porter ton épée. The custom of chivalry was to send the conquered to the conqueror's mistress or sovereign.

1758. **audience.** A wider sense than the judicial *hearing* of to-day.

1762. **une amour.** Corneille made *amour* of both genders in his earlier plays, but later on preferred the masculine. Cf. l. **1742,** where the masculine has replaced the orginal feminine. See "Lexique."

1766. **quitte.** This word ordinarily applies to persons only, but Corneille uses it for things also.

1768. **Que mettre** = *Que de mettre.*

1772. **chèrement** = *tendrement.*

SCÈNE VII.

1778. **tout de nouveau.** A not infrequent phrase with Corneille. — In regard to the sentiment expressed here Voltaire says quite curtly: "Rodrigue a offert sa tête si souvent, que cette nouvelle offre ne peut plus produire le même effet."

1783–1788. Enthusiasm turning to bombast. See ll. 1793, 1794.

1784. **travaux.** The "labors" of Hercules perhaps.

1798. **revancher.** Corneille seems fond of this verb, and uses it in both prose and poetry. It is now found only in familiar discourse. The meaning of the line may be : "Retain the memory of me so as to avenge yourself."

1806–1811. Notice how Corneille has here improved on his original verses (see Marty-Laveaux ed. vol. iii, p. 197, note 1). Voltaire pronounces on the passage a most favorable judgment: "Il semble que ces derniers beaux vers que dit Chimène la justifient entièrement. Elle n'épouse point le Cid; elle fait même des remontrances au roi. J'avoue que je ne conçois pas comment on a pu l'accuser d'indécence [as Scudéry did (see note to l. 1556)] au lieu de la plaindre et de l'admirer."

1814. **ne se pouvoir** = *ne pas être possible.*

1822. **cependant,** *meanwhile.*

1840. This last sonorous verse bore to the audience the author's final plea for the probability of his view of Chimène's character. The Academy censures this solution, Voltaire upholds it, while Sainte-Beuve reflects that "Tout est bien qui finit bien."

VOCABULARY

A

à, at, to, in, by, with, for, of.

abaisser, abase, lower; **s'—,** humble oneself.

abandonner, abandon, forsake.

abattre, strike down; **s'—,** fall, be cast down.

abattu, defeated, cast down.

abîme, *m.* abyss.

abîmé, plunged (in grief).

abolir, abolish, destroy, pardon.

abord, *m.* approach, attack; **d'—,** at first.

aborder, approach.

absolu, absolute, arbitrary.

absurdité, *f.* absurdity.

abus, *m.* abuse.

abuser, abuse, deceive; **s'—,** be mistaken.

accabler, overwhelm, crush.

accepter, accept.

accommodement, *m.* reconciliation.

accommoder, make up, reconcile; **s'—,** be reconciled.

accompagnement, *m.* accompaniment, attendant.

accompagner, accompany, attend.

accomplir, accomplish.

accord, *m.* accord, agreement; **d'—,** in accord; **être d'— de,** be in accord with, admit.

accorder, grant, reconcile; **s'—,** be reconciled, be settled.

accoutumer, accustom.

accuser, accuse, blame, reproach.

achever, finish, complete, accomplish.

acquérir, acquire, obtain, win.

acquitter, acquit; **s'—,** discharge.

acte, *m.* act.

acteur, *m.* actor.

action, *f.* action, deed.

adieu, *m.* farewell.

admettre, admit, allow.

admirer, admire, wonder at.

adorer, adore.

adoucir, soothe, appease, calm.

adresse, *f.* skill.

adresser, address; **s'—,** be aimed.

adversaire, *m.* adversary.

affaiblir, weaken; **s'—,** fail.

affaire, *f.* affair, matter.

affermir, confirm, strengthen.

affliger, afflict, grieve; **pour m'—,** to my grief.

affranchir, free, liberate.

affreux, -se, dreadful, fearful.

affront, *m.* insult.

afin; — de, in order to; **— que,** in order that.

Africain, *m.* African.

âge, *m.* age.

agir, act; **faire —,** employ, use; **il s'agit de,** it is a question of.

agréable, pleasing.

agresseur, *m.* aggressor.

aide, *f.* aid, help.

aider, aid, help, assist.

aïeul, *m.* ancestor, forefather.

aigrir, embitter, sting, irritate, increase.

ailleurs, elsewhere; **d'—,** besides, moreover.

aimable, cherished, pleasing.

aimer, love.

ainsi, thus; — que, as well as.
aisé, easy.
aisément, easily, plainly.
ajouter, add.
alarme, *f.* alarm.
alfange, *m.* scimitar.
allégeance, *f.* relief, consolation.
allégement, *m.* solace, relief.
allégresse, *f.* joy, happiness.
aller, go, proceed, lead; allons, come! s'en —, go away; il y va, it is a question, it concerns.
allumer, kindle, light, stir up.
alors, then; — que, when.
altier, -ère, haughty, proud.
amant, *m.* lover.
ambitieux, -se, ambitious.
âme, *f.* soul, heart.
amener, bring, lead.
ami, *m.* friend.
amitié, *f.* friendship, love.
amorce, *f.* allurement, bait.
amour, *m. f.* love.
amoureux, -se, in love, loving; lover.
amuser (s'), amuse oneself.
an, *m.* year.
ancien, -ne, ancient, old, former, elder.
ancrer, anchor.
Andalousie, *f.* Andalusia (*province of southern Spain*).
ange, *m.* angel.
anglais, English.
animer, animate, inspire, stimulate.
année, *f.* year.
apaiser, appease, pacify.
apercevoir (s'), perceive, see, discover.
apologie, *f.* defence, reply.
apparence, *f.* appearance.
appartement, *m.* apartment.
appas, *m.* attraction, charm.
appeler, call, call to.
applaudir, applaud, commend.
applaudissement, *m.* applause.

apporter, bring, bring in.
apprendre, teach, acquaint with, learn.
apprêter, prepare.
approcher, approach, draw near.
approuver, approve.
appui, *m.* support, protection.
après, after, next; d'—, afterward; — que, after.
arbitre, *m.* arbiter.
arborer, raise, hoist.
archevêque, *m.* archbishop.
ardeur, *f.* ardor, passion, zeal.
armée, *f.* army.
armer, arm.
armes, *f. pl.* arms; prendre les —, take up arms.
arracher, snatch, wrest.
arrêt, *m.* decree.
arrêter, arrest, stop, check, fix; s'—, stop.
arrivée, *f.* arrival.
arriver, arrive, happen.
arroser, water, bedew.
asile, *m.* asylum, refuge.
assaillant, *m.* assailant.
assassiner, assassinate, grieve.
assaut, *m.* assault, attack.
assemblage, *m.* union, meeting.
assemblée, *f.* assembly, audience.
assembler, assemble, collect, unite.
asservir, enthrall, enslave.
assez, enough, quite, sufficient, very; c'est — de, they are enough.
assis, seated, sitting.
assurance, *f.* confidence.
assuré, sure, certain.
assurer, assure, make sure, secure; s'—, be sure.
attacher, attach; s'— à, aim to.
attaquer (s'), attack, challenge.
atteindre, attain, reach, equal, affect, attack.
atteinte, *f.* blow, pang, shock.

attendant que, until, till.
attendre, await, wait, expect.
attentat, *m.* crime, attempt.
attente, *f.* hope, expectation.
attirer, attract, draw.
aucun, any, any one, either, none.
audace, *f.* audacity, boldness.
audacieux, -se, audacious, bold; hotspur.
au-dessous, below.
au-dessus, above, superior to.
audience, *f.* hearing (*see n. for l.* 1758).
auditeur, *m.* hearer.
augmenter, increase.
augure, *m.* omen, presage.
aujourd'hui, to-day, now; dès —, this very day.
auparavant, before.
auprès de, near, next to, in comparison with.
aussi, also, so, as, therefore; — bien, moreover, besides.
aussitôt, immediately; — que, as soon as.
autant, as much, as many, so much, so many, as, so; — que, as much as, as good as, as well as; d'— plus, so much the more.
auteur, *m.* author.
autoriser, authorize, justify.
autorité, *f.* authority.
autour de, around, about, near.
autre, other, greater, different, another, any other; tout —, any other.
autrefois, formerly.
autrement, otherwise.
autrui, others.
avancer, advance, hasten.
avant, before; — que, before.
avantage, *m.* advantage.
avec, with; d'—, from.
avecque = avec.
avenir, *m.* future, henceforth.
aventure, *f.* experience, fate.

avertir, warn, inform.
avertissement, *m.* notice.
aveuglement, *m.* blindness.
aveugler, blind.
avis, *m.* counsel, advice, opinion, notice.
aviser (s'), think.
avoir, have; — beau, be in vain, do in vain; — besoin de, need; — part à, share in; — soin, take care; — tort, be wrong.
avouer, confess, own, avow.

B

baigner, bathe.
baiser, kiss.
balance, *f.* balance, scales; mettre en —, weigh.
balancer, waver, hesitate.
bande, *f.* band, troop.
bannir, banish, expel.
bas, -se, low, base, in a low voice.
bas, *m.* bottom.
bataille, *f.* battle.
bâtir, build.
battre, beat, defeat; se —, fight.
beau, bel, belle, beautiful, handsome, fine, splendid, noble; avoir —, be in vain.
beaucoup, much, many, very.
beauté, *f.* beauty.
besoin, *m.* need, occasion; au —, in time of need, in peril; avoir — de, need.
bien, well, wisely, very, indeed, much, many; — que, although.
bien, *m.* welfare, wealth, happiness, good.
bienséance, *f.* propriety.
bientôt, soon.
blâme, *m.* blame, censure.
blâmer, blame, censure.
blanc, -che, white, blank.
blanchir, whiten, grow white.

blesser, wound, offend.
blessure, *f.* wound.
bon, -ne, good.
bonace, *f.* calm, smooth sea.
bonheur, *m.* happiness, good fortune.
bonté, *f.* goodness, kindness.
bord, *m.* shore, border.
borne, *f.* limit, bound.
borner, limit, confine.
bouche, *f.* mouth.
bouillant, boiling, hot, angry.
bouillon, *m.* bubble.
bourreau, *m.* executioner.
bout, *m.* end; à —, to extremities; en venir à —, succeed.
bras, *m.* arm.
bravade, *f.* bravado.
brave, brave, worthy.
braver, brave, defy.
brigade, *f.* troop.
brigue, *f.* intrigue.
briguer, sue for, solicit.
brillant, brilliant; spangles, brilliant ornaments.
briller, sparkle, shine.
briser, break, shatter.
bruit, *m.* noise, sound, rumor, report, talk.
brûler, burn.

C

cabinet, *m.* room.
câble, *m.* cable.
cacher, hide, conceal.
calme, *m.* calmness, peace.
calmer, calm, soothe.
capitaine, *m.* captain.
capricieux, -se, capricious.
captif, -ve, captive.
caractère, *m.* character.
caresser, caress, praise.
carrière, *f.* career.
cas, *m.* case, attention; faire — de, esteem, value; faire si peu de — de, think so lightly of.
casser, break, crush.

castillan, Castilian.
Castille, *f.* Castile (*province of central Spain*).
cause, *f.* cause, reason.
causer, cause.
cavalier, *m.* cavalier, knight, gentleman.
ce, cet, cette, ces, this, that, these, those.
céder, yield, give up, give way.
cela, that.
célèbre, eminent, glorious.
célébrer, celebrate, praise.
celer, conceal, hide.
celui, celle, ceux, celles, this one, that one, this, that, *etc.*
censeur, *m.* censor.
cent, hundred.
cependant, however, meanwhile; — que, while.
certain, certain, sure.
certes, assuredly.
cesse, *f.* ceasing, stop.
cesser, cease, stop, end.
chacun, each, every one.
chagrin, *m.* grief.
chaîne, *f.* chain.
chaleur, *f.* heat, warmth, anger.
champ, *m.* field, lists.
chandelle, *f.* candle.
change, *m.* faithlessness, infidelity.
changement, *m.* change.
changer, change, exchange; — de, change.
chaque, each, every.
char, *m.* car, chariot.
charger, load, encumber, burden.
charmant, charming, pleasing.
charme, *m.* charm, spell, delight.
charmer, charm, delight, fascinate.
chasser, drive away.
châtiment, *m.* chastisement.
chaud, hot, warm, ardent.
chef, *m.* head, leader.

chemin, *m.* way.

cher, –ère, dear, precious.

chercher, seek, look for, get, attempt.

chèrement, dearly, tenderly.

chérir, cherish.

cheval, *m.* horse; à —, on horseback.

chevalier, *m.* knight.

cheveux, *m. pl.* hair.

chez, at the house of, in the apartment of, in, among, within, at.

chiffre, *m.* figure.

choir, fall.

choisir, choose, select.

choix, *m.* choice.

choquer, offend, shock.

chose, *f.* thing.

chronique, *f.* chronicle.

ciel, cieux, *m.* heaven, heavens, sky.

cimeterre, *m.* scimitar.

cinq, five.

cinquante, fifty.

circonstance, *f.* circumstance.

clairement, clearly.

clarté, *f.* light, clearness.

cloitre, *m.* cloister.

cœur, *m.* heart, courage.

colère, *f.* anger, wrath.

combat, *m.* battle, struggle, combat, conflict; rendre —, fight.

combattant, *m.* combatant, warrior.

combattre, fight, combat, resist.

combien, how many, how much.

comble, *m.* climax, culmination, crowning, height; pour — à, to complete, to crown.

combler, crown, fill, overwhelm, heap up.

comédie, *f.* comedy, play.

comédien, *m.* actor.

commandement, *m.* command.

commander, command, order.

comme, how, as, like, as if.

commencer, begin, commence.

comment, how.

commentateur, *m.* commentator.

commettre, commit, entrust.

commisération, *f.* commiseration, pity.

commun, common, general; common run.

communication, *f.* connection.

compatir, sympathize, pity.

composer, compose.

compromettre, compromise.

compte, *m.* account; faire —, esteem, value; rendre —, give account.

comte, *m.* count.

concerner, concern, interest.

concevoir, conceive.

concours, *m.* crowd, gathering.

concurrence, *f.* competition.

condamner, condemn.

conduire, conduct, lead.

conduite, *f.* behavior, conduct, plan.

confesser, confess.

confiance, *f.* confidence, reliance.

confidente, *f.* confidante.

confondre, confound, confuse; se —, be confounded, be thrown into confusion.

confus, confused, perplexed.

conjoncture, *f.* situation.

connaissance, *f.* knowledge, acquaintance.

connaître, know, be acquainted with; faire —, make known.

conquérant, *m.* conqueror.

conquérir, conquer.

conquête, *f.* conquest, prize.

conseil, *m.* council, counsel, decision.

conseiller, advise.

consentement, *m.* consent.

consentir, consent.

conserver, keep, preserve.
considérable, important.
considération, f. consideration.
considérer, consider, think.
consoler, console.
constance, f. constancy, fortitude.
consulter, consult, deliberate, hesitate.
consumer, consume, exhaust; se —, be consumed.
content, contented, satisfied.
contentement, m. contentment, pleasure.
contenter, please, satisfy.
conter, relate, tell.
continuel, -le, continual, steady.
continuer, continue.
contraindre, constrain, compel.
contrainte, f. constraint, compulsion.
contraire, contrary, adverse; au —, on the contrary.
contre, against; — terre, on the ground.
contredire, contradict.
contrée, f. country, region.
convenir, suit; — de, admit, allow.
convier, invite, summon.
corps, m. body, corpse.
côté, m. side; de tous —s, in all directions; des deux —s, on both sides; du — de, on the part of, in the direction of, toward.
coucher (se), lie down.
couler, flow, run.
couleur, f. color, pretext; sans —, pallid.
coup, m. blow, stroke, time, deed, effort; — d'essai, first attempt; — de maître, master-stroke; du premier —, at once; encore un —, once more.
coupable, m. culprit.

couper, cut, cut short, cut off.
cour, f. court.
courage, m. courage, heart.
courir, run, hasten, run through.
couronne, f. crown.
couronner, crown.
courroux, m. anger, wrath.
cours, m. course.
courtisan, m. courtier.
coûter, cost.
coutume, f. custom.
couvrir, cover.
craindre, fear, dread.
crainte, f. fear.
crédit, m. influence.
crêpe, m. f. crape.
cri, m. cry.
crier, cry out, cry for.
criminel, -le, criminal, guilty.
croire, believe, think, trust; en —, rely on.
croître, grow, increase.
croyance, f. credit, belief, faith.
cruauté, f. cruelty.
cuisant, sharp, poignant.
cyprès, m. cypress.

D

daigner, deign.
dans, in, into, within, among.
davantage, more, further.
de, of, by, with, on, from, in, to, than.
débat, m. contention.
décevoir, deceive.
déchirer, tear, rend.
décider, decide.
décousu, taken, ripped from.
découvrir, discover, disclose.
décret, m. decree.
dédaigner, disdain.
dédain, m. disdain, scorn.
dedans, within, in; au —, within.
dédire, deny, retract, withdraw.
défaire, defeat.

défaite, *f.* defeat.
défaut, *m.* defect, fault.
défendre, defend, forbid.
défense, *f.* defence.
défenseur, *m.* defender.
défiance, *f.* distrust, suspicion.
défigurer, disfigure.
dégager, redeem.
dégénérer, degenerate.
degré, *m.* degree, step.
déguiser, disguise, conceal.
déjà, already, now.
delà, beyond.
délasser (se), rest.
délibérer, deliberate, waver.
délier, disconnect.
délivrer, free.
demain, to-morrow.
demande, *f.* request, petition.
demander, ask, ask for, demand.
démentir, belie.
demeurer, live, dwell, remain, stay.
demi; à —, half.
dénier, deny.
départ, *m.* departure.
dépendre, depend.
dépens, *m.* expense, cost.
dépit, *m.* spite; en — de, in spite of.
déplaire, displease, offend.
déplaisir, *m.* grief, sorrow.
déplorable, sad.
déplorer, deplore, lament.
depuis, since, after; — que, since; — peu, recently.
dernier, –ère, last, vilest, extreme.
dérober, steal, take away, snatch.
derrière, behind.
dès, from, since, beginning with; — que, as soon as.
désabuser, disabuse, undeceive.
désarmer, disarm.

désaveu, *m.* disavowal, denial.
désavouer, disown, disavow.
descendre, descend, go down, land.
descente, *f.* descent, landing.
désespérer, drive to despair, despair.
désespoir, *m.* despair.
déshonneur, *m.* dishonor.
déshonorer, dishonor.
désir, *m.* desire, wish.
désobéir, disobey.
désordre, *m.* disorder, confusion.
désormais, henceforth.
dessein, *m.* design, purpose, intention.
dessous, under, beneath, below; au-— de, under, beneath.
dessus, above, over; le —, victory; au-— de, above, superior; avoir le —, gain the victory.
destin, *m.* destiny, fate, lot.
destinée, *f.* destiny.
destiner, destine.
détacher, detach, separate.
détail, *m.* detail.
déterminément, precisely.
déterminer, determine.
détruire, destroy.
deuil, *m.* mourning.
deux, two; tous —, both.
devant, before, in front of.
devenir, become.
devin, *m.* prophet.
devoir, owe, be obliged, ought, should, must, be to, have to, have duties.
devoir, *m.* duty, respect, concession; dans le —, dutiful.
dévorer, devour.
dieu, *m.* God; heavens!
diffamer, defame, debase.
différence, *f.* difference.
différer, defer, delay, put off.
digne, worthy, noble.

dignité, *f.* dignity, honor.
dire, say, tell, mention, decree; vouloir —, mean.
directement, directly.
discerner, discern, distinguish.
discord, *m.* discord, anger.
discourir, discourse, talk.
discours, *m.* talk, speech.
disgrâce, *f.* disgrace, misfortune.
dispenser, dispense, exempt from.
disposer, dispose, order.
disputer, contest.
dissimuler, dissemble, hide.
dissiper, dispel.
divers, diverse, different.
divin, divine.
diviser, divide, separate.
division, *f.* estrangement.
dix, ten.
docte, learned.
domination, *f.* sway.
dompter, master, subdue.
don, *m.* gift.
donc, then, therefore, pray.
donner, give, bestow, devote.
dont, of which, from which, with whom, from whom, of whom, whose.
dorénavant, henceforth.
doubler, double.
douceur, *f.* mildness, joy, clemency.
douleur, *f.* grief, pain.
doute, *m.* doubt; sans —, doubtless.
douter, doubt, hesitate.
douteux, -se, doubtful.
doux, -ce, gentle, pleasing, kind.
douzaine, *f.* dozen.
drapeau, *m.* flag.
droit, right, just, straight.
droit, *m.* right.
dur, hard, harsh, rough.
durée, *f.* duration.
durer, persist, last.

E

eau, *f.* water, tears.
éblouir, dazzle.
ébranler, shake, move.
échafaud, *m.* scaffold.
échapper, escape; s'—, make one's escape.
éclat, *m.* outburst, noise, display, splendor, glory.
éclatant, brilliant, loud.
éclater, break out, appear; faire —, display.
écouter, listen.
écrire, write.
édit, *m.* edict, decree.
effacer, blot out, destroy.
effectivement, really.
effet, *m.* effect, result, deed, accomplishment; en —, in fact; obtenir l'—, succeed.
effroi, *m.* fright, terror.
égal, equal, like, the same.
également, equally.
égaler, rival.
égaré, bewildered.
égarer (s'), go astray, wander.
élevé, lofty.
élever, raise, exalt, elevate.
élire, elect, select, choose.
éloge, *m.* eulogy.
éloigner, remove, banish.
embarrasser, embarrass.
embraser, set on fire.
embrasser, embrace, kiss.
embuscade, *f.* ambuscade.
émouvoir, move, excite; s'—, be moved.
empêchement, *m.* hindrance.
empêcher, hinder, prevent; s'—, keep from.
empire, *m.* authority, empire.
employer, use, employ.
emportement, *m.* passion, violence.
emporter, carry away; l'—, gain the day.
empreindre, imprint, stamp.
empresser (s'), hasten.

emprunter, borrow.
ému, moved.
en, in, to, into, like, as.
en, of it, from it.
enchaîner, enchain, chain.
encor(e), still, again, yet, even, more; — que, although.
encourager, encourage.
endurcir, harden.
endurer, endure, suffer, bear.
enfermer, shut up.
enfin, at last, finally, in short.
enfler, swell, fill; s'—, rise.
enfuir (s'), flee away.
engager, pledge, plight, engage; s'—, undertake.
enlever, carry away, remove.
ennemi, m. enemy; adj. hostile, hateful.
ennui, m. grief, sorrow, torment.
enorgueillir, puff up, make proud.
ensemble, together, at the same time.
ensuite, afterward, then, next, in consequence.
entendre, hear, understand, mean.
entier, -ère, entire, whole.
entrailles, f. pl. entrails, vitals.
entre, between, among.
entreprendre, undertake, attempt.
entrer, enter, come in, go in.
entresuivre (s'), follow each other.
entretenir, speak, talk, converse, inform.
entretien, m. conversation, talk.
envers, toward, to, in regard to.
envi; à l'—, in emulation.
envie, f. envy, desire; avoir —, desire.
envier, envy, begrudge.
envieux, -se, envious, jealous.
environ, around, about.

environner, surround.
envoyer, send.
épandre, shed, pour out.
épargner, spare, save.
épée, f. sword.
épithète, m. (in Corneille) term.
épître, f. epistle, letter.
épouser, marry.
épouvantable, dreadful.
épouvante, f. fear, terror.
épouvanter, frighten, terrify.
époux, m. husband.
épreuve, f. trial, test.
épris, smitten, in love.
éprouver, test, feel, experience.
équité, f. equity, justice.
erreur, f. error, mistake.
escadron, m. squadron, troop.
Espagne, f. Spain.
espagnol, Spanish; Spaniard.
espèce, f. kind.
espérance, f. hope, expectation.
espérer, hope, expect.
espoir, m. hope, expectation.
esprit, m. mind, spirit, heart, wit, sense.
essai, m. trial, attempt.
essayer, try.
essuyer, wipe away.
estime, f. esteem.
estimer, esteem, consider.
estomac, m. breast.
et, and.
établir, establish.
étaler, display.
état, m. state, condition, esteem, account.
éteindre, extinguish, quench, stifle; s'—, die out.
étendre, extend, spread.
éternel, -le, eternal.
étoile, f. star.
étonner, astonish, amaze, daze, terrify; s'—, be astonished, wonder.
étouffer, stifle, suppress.
étrange, strange, extraordinary, wonderful.

être, be, exist; — à, belong to; été, gone.

événement, *m.* event, outcome.

éviter, avoid.

examen, *m.* examination, consideration.

examiner, examine, consider.

exaucer, hear, grant.

excès, *m.* excess, extreme.

exciter, excite, arouse.

exclamation, *f.* outcry.

excuser, excuse; s'—, be excused.

exécrable, odious.

exécuter, execute, carry out.

exemple, *m.* example.

exercer, exercise, administer.

exiger, demand, exact.

expérience, *f.* experience, test.

expliquer, explain.

exploit, *m.* exploit, deed.

exposer, expose, set forth.

exprès, on purpose.

extrême, extreme, excessive.

extrémité, *f.* extremity, dire need.

F

fabuleux, -se, fabulous.

fâcheux, -se, unpleasant, painful.

facilité, *f.* facility, compliance.

façon, *f.* style, manner, way; de cette —, in this way; de quelque — que, in whatever way.

faible, feeble, weak, slight.

faiblesse, *f.* feebleness, weakness.

faillir, fail, miss, err, come very near.

faire, do, make, act, cause, form, produce, accomplish; se —, take place; c'en est fait, it is all over.

fait, *m.* fact, deed; tout à —, entirely.

falloir, be necessary, be needed, be, must, should, ought, need; s'en —, be far from, lack.

fameux, -se, famous.

famille, *f.* family.

fardeau, *m.* burden.

faste, *m.* pomp, display.

fatiguer, fatigue, weary.

faute, *f.* fault, error; — de, for lack of.

faux, -sse, false.

faveur, *f.* favor.

favorablement, favorably, opportunely.

fécond, fruitful, rich.

feindre, feign, pretend.

femme, *f.* woman, wife.

fer, *m.* iron, steel, sword; *pl.* chains.

ferme, firm, steady, solid.

ferveur, *f.* fervor.

fête, *f.* feast, festival (*see p.* 17, *n.* 7).

feu, *m.* fire, flame, passion, love.

fidèle, faithful, loyal, true.

fidélité, *f.* fidelity.

fier, proud, high-spirited, signal.

fièrement, proudly.

figurer (se), fancy.

fille, *f.* daughter.

fils, *m.* son.

fin, *f.* end, aim; à la —, at length, at last.

finir, end, finish, cease.

flamand, Flemish.

flamme, *f.* flame, passion love.

flanc, *m.* side.

flatter, flatter, soothe, mislead.

flatteur, -se, flattering, pleasing.

flétrir, tarnish, fade, wither.

fleur, *f.* flower.

fleuve, *m.* river.

flottant, wavering, irresolute.

flotte, *f.* fleet.

flux, *m.* flow, tide.

foi, *f.* faith, word.

fois, *f.* time; une —, once; deux —, twice; trois —, thrice; à la —, at the same time, at once.

fond, *m.* bottom, depth, hold, rear.

fonder, found, establish.

fondre, melt, dissolve.

force, *f.* force, strength, power; à — de, by dint of; sans —, faint.

forcer, force, compel, carry, storm.

forfait, *m.* crime.

former, form, work, make; se —, spring.

fort, strong; very, much.

fortement, vigorously.

fortifier, fortify.

fou, fol, folle, mad, wild, fond.

foudre, *m. f.* lightning, thunderbolt.

foule, *f.* crowd; en —, in crowds.

français, French.

franchise, *f.* freedom, refuge.

frapper, strike.

frayeur, *f.* fright, terror.

frémissement, *m.* quivering, shudder.

frère, *m.* brother.

front, *m.* brow, forehead.

frontière, *f.* frontier, border.

fruit, *m.* fruit, result; sans —, fruitlessly.

fuir, flee, escape.

fuite, *f.* flight, escape.

fumer, smoke.

funérailles, *f. pl.* funeral rites.

funeste, fatal, deadly, disastrous.

G

gagner, gain, win, reach.

gain, *m.* gain, winning.

galerie, *f.* gallery, corridor.

garantir, protect, preserve.

garde, *f.* guard; prendre —, take care, notice.

garder, keep, watch, take care; se — de, take care not to, keep from.

gendre, *m.* son-in-law.

gêne, *f.* trouble.

gêner, vex, distress, torment.

généreux, -se, noble, high-minded, courageous.

générosité, *f.* nobility, courage.

genou, *m.* knee.

gens, *m. f. pl.* people, persons, men.

gentilhomme, *m.* nobleman.

glace, *f.* ice, coldness, chill.

glissade, *f.* slip.

gloire, *f.* reputation, glory, honor, fame, dignity.

glorieusement, gloriously.

glorieux, -se, glorious, honorable, proud.

goût, *m.* taste, pleasure.

goûter, enjoy, taste.

gouvernante, *f.* governess.

gouverner, rear, instruct, govern.

gouverneur, *m.* tutor, guardian.

grâce, *f.* favor, pardon, appearance; thanks; de —, I pray; rendre —s, give thanks; mauvaise —, ill grace.

grand, great, tall, noble.

grandeur, *f.* grandeur, greatness.

graver, engrave, grave.

gré, *m.* will, pleasure.

grec, -que, Greek, Grecian.

Grenade, *f.* Granada (*city and province in southern Spain*).

gros, -se, big.

guère, little; ne...—, hardly.

guérir, cure, heal.

guerre, *f.* war.
guerrier, *m.* warrior; *adj.* war-like, martial.

H

habit, *m.* cloak.
haine, *f.* hatred, hate.
haïr, hate.
haleine, *f.* breath.
hardiment, boldly.
harnois, *m.* harness, armor.
hasard, *m.* risk, hazard, chance.
hasarder, risk.
hâte, *f.* haste; en —, in haste, forthwith.
hâter, hasten.
haut, high, lofty, tall, bold; aloud, boldly; le porter —, go far.
hautain, haughty.
hautement, loudly.
hélas, alas!
héritier, *m.* heir.
héroïne, *f.* heroine.
héros, *m.* hero.
heur = bonheur, *m.* happiness.
heure, *f.* hour, time; à toute —, hourly; sur l'—, at once.
heureusement, happily.
heureux, -se, happy, fortunate.
hier, yesterday.
histoire, *f.* history, story.
historien, *m.* historian.
historique, historical.
hommage, *m.* homage; faire —, pay homage.
homme, *m.* man.
honneur, *m.* honor, state; perdre d'—, dishonor.
honorer, honor.
honte, *f.* shame, modesty, disgrace.
honteusement, disgracefully.
horreur, *f.* horror, dread.
hôtel, *m.* dwelling.
huit, eight.
humain, human, humane.

humain, *m.* human being; *pl.* mankind.
humeur, *f.* mood, temper.
hymen, *m.* marriage.
hyménée, *m.* marriage.

I

ici, here.
idée, *f.* idea, notion.
ignorer, be ignorant of.
il, he, it.
image, *f.* likeness.
imaginer, imagine; s'—, imagine, fancy.
imiter, imitate.
immobile, motionless.
immoler, sacrifice.
immortaliser (s'), immortalize oneself.
immuable, changeless.
imparfait, imperfect.
impitoyable, pitiless, cruel.
importer, import, be important, concern.
importun, importunate, troublesome.
importuner, importune, trouble.
imposer, impose on, lay on.
imprévu, unforeseen, unexpected.
imprimer, print.
impudence, *f.* presumption.
impuissance, *f.* impotency.
impuissant, impotent, powerless.
impuni, unpunished.
impunité, *f.* impunity.
imputer, impute, charge.
incertain, uncertain, doubtful.
incertitude, *f.* uncertainty.
incessamment, constantly.
incliner, incline.
incommodité, *f.* inconvenience.
inconnu, unknown.
incroyable, incredible.
indifférent, indifferent.
indigne, unworthy.
indirectement, indirectly.

indiscret, –ète, indiscreet.
indomptable, unconquerable.
inégal, unequal, uneven.
inégalement, unequally.
inégalité, *f.* inequality, disparity.
infâme, infamous, base.
infamie, *f.* infamy.
Infante, *f.* Infanta (*Spanish king's daughter*).
infidèle, faithless, false.
infini, infinite.
infiniment, infinitely.
infortuné, unfortunate, hapless.
ingénieux, –se, clever, ingenious.
ingrat, ungrateful.
injure, *f.* insult, wrong, outrage.
injurieux, –se, offensive, injurious.
injuste, unjust, wrong.
inquiétude, *f.* distress, uneasiness.
insigne, signal, noteworthy.
instant, *m.* instant; à l'—, immediately.
instruire, teach, instruct.
intéressé, interested, concerned.
intéresser, interest; s'—, take interest in.
intérêt, *m.* interest, concern, profit, share, duty.
intituler, entitle, call.
introduire, introduce.
inutile, useless, vain.
invaincu, unconquered.
irrégularité, *f.* irregularity.
irriter, irritate, excite; s'—, be irritated.
issue, *f.* outcome, result.
italien, –ne, Italian.

J

jadis, formerly, of old.
jalousie, *f.* jealousy.
jaloux, –se, jealous, grieved.

jamais, ever; à —, forever; ne...—, never.
jeter, cast, spread, throw out, give.
jeune, young, youthful; youth.
jeunesse, *f.* youth.
joie, *f.* joy, delight.
joindre, join, unite.
jour, *m.* day, daylight, light, life; mettre au —, beget, produce; voir le —, live; en plein —, in broad daylight.
journée, *f.* day, deed, battle.
juge, *m.* judge.
jugement, *m.* judgment, sentence.
juger, judge, decide.
jusque(s), to, as far as, even to; — à, to, up to, till; — ici, thus far, till now; — là, so far, till then.
juste, just, right, exactly.
justesse, *f.* exactness, suitableness.
justificatif, –ve, justifying.
justifier, justify.

L

là, there; de —, thence; par —, by that, thereby.
lâche, cowardly, base.
lâcher, let slip.
laisser, leave, leave alone, let, allow; — faire, cause, leave it to; — de, leave off, cease.
langue, *f.* tongue, language.
langueur, *f.* languor, dullness.
languissant, languishing, faint.
larme, *f.* tear.
las, –se, tired, weary.
laurier, *m.* laurel; victory.
laver, wash, wash away, wash out.
leçon, *f.* lesson, precept.
légèreté, *f.* levity, indiscretion.
légitime, legitimate, lawful.
lendemain, *m.* next day.

lent, slow, tardy.
lettre, *f.* letter, type.
leur, their; to them.
lever (se), rise.
liaison, *f.* linking, connection.
libéralement, freely.
libérateur, *m.* liberator.
liberté, *f.* liberty, freedom.
libre, free.
lice, *f.* lists, arena.
licence, *f.* license, liberty.
lien, *m.* bond, tie, obligation.
lieu, *m.* place, spot, stead, reason, room, cause; au — de, instead of; avoir —, take place, have cause; donner —, give rise.
limiter, limit.
lire, read.
lit, *m.* bed; — d'honneur, field of honor.
livre, *m.* book.
livrer, hand over, surrender.
loi, *f.* law, rule, sway, course; faire la —, give the law, control.
loin, far, far off; — de, far from.
loisir, *m.* leisure.
long, -ue, long, prolonged.
long, *m.* length; au —, at length.
longtemps, a long time.
longueur, *f.* length, delay.
lors, then; dès —, forthwith.
lorsque, when.
louable, praiseworthy.
louange, *f.* praise.
louer, praise.
lugubre, funereal, melancholy.
lui, he, him, it; to him, to her, to it.
lumière, *f.* light, day.

M

magnanime, noble, magnanimous.
main, *f.* hand; help; être aux —s. come to blows.

maintenant, now.
maintenir, maintain.
mais, but, why.
maison, *f.* house, family.
maître, -sse, main, controlling.
maitre, *m.* master, chief.
maîtresse, *f.* mistress, sweetheart.
majesté, *f.* majesty.
mal, ill, badly, hardly.
mal, *m.*, *pl.* maux, evil, ill, woe, misfortune.
malade, *m. f.* patient.
maladie, *f.* malady, sickness.
malaisé, difficult.
malaisément, with difficulty, hardly.
mâle, manly.
malgré, in spite of.
malheur, *m.* misfortune, distress, sorrow.
malheureux, -se, unfortunate, unhappy, wretched; wretch.
mânes, *m. pl.* manes, shades.
manie, *f.* mania, madness, folly.
manière, *f.* manner, way, fashion.
manquer, fail, be wanting, lack, err.
marcher, walk, go.
mari, *m.* husband.
mariage, *m.* marriage.
marque, *f.* mark, token, sign.
marquer, mark, trace, indicate.
Mars, *m.* Mars; warrior.
matin, *m.* morning.
maudit, accursed.
Maure, *m. f.* Moor.
mauvais, bad, mean, poor.
maxime, *f.* maxim.
méchant, evil, wicked, poor; evildoer, scoundrel.
méconnaître, fail to recognize.
médiocre, mediocre, ordinary.
médisance, *f.* slander.
médisant, *m.* slanderer.
meilleur, better; le —, the best.

mélange, m. mixture.

mêler, mix, mingle, blend.

membre, m. limb.

même, same, even, very, self.

mémoire, f. memory, fame.

menace, f. threat, menace.

ménager, husband.

ménager, m. steward.

menu, lesser, minute.

mépris, m. scorn, contempt.

mépriser, despise, scorn.

mer, f. sea.

mère, f. mother.

mérite, m. merit.

mériter, deserve, merit, gain.

merveille, f. wonder, marvel.

merveilleux, -se, marvelous.

mesure, f. measure, moderation.

mesurer, measure; se — à, cope with.

métier, m. profession, trade.

mettre, put, set, place, put on, employ; — au jour, give life to; se —, set about, begin.

meurtrier, m. murderer.

mien, -ne, mine.

mieux, better, rather, more; le —, the best, most.

milieu, m. middle, midst; au — de, in the midst of.

mille, thousand, a thousand; — et —, thousands and thousands.

ministre, m. minister.

miracle, m. miracle, wonder.

mise, f.; être de —, be in vogue.

misérable, wretched; wretch.

misère, f. wretchedness, distress.

modèle, m. model.

modérer, moderate.

moderne, modern.

mœurs, f. pl. morals, manners.

moindre, less; le—, least.

moins, less; au —, du —, at least; à — que, unless; le —, least.

moitié, f. half.

mollement, laxly, indulgently.

monarchie, f. monarchy.

monarque, m. monarch.

monde, m. world, people; tout le —, everybody.

monsieur, m. sir.

monter, go up, ascend, mount.

montrer, show, manifest; se —, appear.

More, m. Moor.

mort, dead, deathly.

mort, f. death.

mortel, -le, mortal, fatal.

mot, m. word, saying.

moteur, m. mover, author.

moucheur, m. snuffer.

mourant, dying, languishing.

mourir, die.

mouvement, m. movement, emotion, passion, impulse.

moyen, m. means, way.

muet, -te, mute, silent.

mur, m. wall.

muraille, f. wall.

murmurer, murmur, repine.

N

nager, swim, float.

naissance, f. birth; prendre —, be born.

naître, be born, spring, arise; faire —, give birth.

naturel, m. nature, disposition.

naufrage, m. shipwreck.

Navarrois, m. of Navarre, Navarrese.

ne, not.

né, born; bien —, noble.

néanmoins, nevertheless.

nécessaire, m. necessity, the necessary.

négliger, neglect, omit.

nerf, m. sinew.

ni, neither, nor.

noblement, nobly.

nœud, *m.* knot, tie, bond.

noir, black, dark, base.

nom, *m.* name, renown; **au —
de,** in the name of.

nombre, *m.* number.

nommer, name.

non, no, not.

noter, blame.

notre, nos, our.

nôtre, ours; **les —s,** our
men.

nourrir, nourish, rear, train.

nourriture, *f.* nourishment,
food.

nouveau, –ei, –elle, new, fresh,
strange; **de —,** again.

nouvelle, *f.* news.

nuage, *m.* cloud.

nuire, harm, injure.

nuit, *f.* night; **de —,** by night.

O

obéir, obey.

obéissance, *f.* obedience.

obéissant, obedient.

objet, *m.* object, subject, person, purpose.

obligation, *f.*; **avoir —,** be
under obligation.

obliger, oblige, compel.

obscur, faint, dim.

obscurcir, obscure, darken.

observer, observe.

obstiner, make obstinate; **s'—,**
persist.

obtenir, obtain, win, get; **— de,**
succeed in.

occasion, *f.* occasion, opportunity.

odieux, –se, odious, hateful.

œil, *m.* eye, glance; face.

œuvre, *f.* work.

offense, *f.* offence, insult.

offenser, offend, insult.

offenseur, *m.* offender.

offre, *f.* offer

offrir, offer, present.

ombrage, *m.* umbrage, suspicion.

ombre, *f.* shadow, protection,
shade.

on, one, we, any one, you,
people, they.

onde, *f.* wave.

opposer, oppose; **s'—,** oppose.

opprimer, oppress.

orage, *m.* storm, tempest.

ordinaire, customary, usual;
d'—, ordinarily, usually.

ordonner, ordain, decree, direct,
arrange.

ordre, *m.* order, command, care.

oreille, *f.* ear.

orgueil, *m.* pride, arrogance.

original, original; original version.

ornement, *m.* ornament.

oser, dare, venture.

ôter, take from, take away.

ou, or; **—...—,** either...or.

où, where, whither, when; in
which, to which; **d'—,**
whence; **par —,** how, in
what way.

oublier, forget.

ouïr, hear.

outrage, *m.* outrage, insult;
faire —, offend, insult.

outrager, insult.

outre, further, besides, aside;
plus —, farther.

outrer, exceed, provoke.

ouvert, open, bare.

ouvrage, *m.* work.

ouvrir, open, lay bare.

P

page, *m.* page (*boy*); *f.* page.

palais, *m.* palace.

palme, *f.* palm, victory.

pâmer, swoon, faint.

pâmoison, *f.* fainting, swoon.

panique, wild.

par, by, through, from, by
means of.

parade, *f.* display.
paraître, appear, seem, be seen.
paraphraser, paraphrase.
parce que, because.
pardonner, pardon, forgive.
pareil, equal, such, like, similar.
paresse, *f.* indolence.
parfait, perfect.
parler, speak, talk, tell.
parmi, among, with.
parole, *f.* word, promise.
part, *f.* part, share, place; avoir — à, share in; de la — de, from, in the name of; prendre — à, share in, take interest in.
partager, divide.
parti, *m.* party, match, part, side.
particulier, –ère, particular, special.
partie, *f.* part, adversary.
partir, set out, depart, go away, leave.
partisan, *m.* partisan, friend.
partout, everywhere.
pas, not.
pas, *m.* step, pace.
passé, *m.* past.
passer, pass, pass by, surpass; se —, take place; se — de, do without.
passion, *f.* passion, love.
paternel, –le, paternal.
pathétique, pathetic.
patrie, *f.* fatherland.
payer, pay, pay for.
pays, *m.* country.
peindre, paint, describe.
peine, *f.* pain, distress, hardship, punishment; à —, hardly, scarcely; avoir —, regret.
pencher, incline, bend.
pensée, *f.* thought.
penser, *m.* thought.
percer, pierce, penetrate.

perdre, lose, ruin, destroy; se —, be lost.
père, *m.* father.
perfide, unfaithful, false; traitor.
perfidie, *f.* perfidy.
péril, *m.* peril, danger.
périr, perish, die.
personnage, *m.* character.
personne, *f.* person, anybody, any one; ne —, nobody, no one.
persuader, persuade, induce.
perte, *f.* loss, fall, destruction.
petit, little, small.
peu, *m.* little, too little; hardly; un —, a few.
peuple, *m.* people.
peur, *f.* fear; de —, for fear.
peut-être, perhaps.
philosophe, *m.* philosopher.
pièce, *f.* piece, play, room.
pied, *m.* foot; de — ferme, firmly.
piller, pillage, plunder.
pitié, *f.* pity.
pitoyable, pitiable.
place, *f.* place, room, square, fortress.
placer, put, place.
plaie, *f.* wound.
plaindre, pity; se —, complain.
plainte, *f.* complaint, lamentation.
plaire, please; se —, take pleasure.
plaisir, *m.* pleasure.
plein, full, complete, open.
pleinement, fully.
pleurer, weep, weep for.
pleurs, *m. pl.* tears.
plonger, plunge, sink.
plume, *f.* pen.
plupart, *f.* most, larger part.
plus, more, further; de —, more, moreover; le —, the most; non —, not either, neither; — ... —, the more ... the more.

plusieurs, several.
plutôt, sooner, rather.
poème, *m.* poem.
poète, *m.* poet.
poétique, *f.* art of poetry.
poing, *m.* fist, hand; au —, in hand.
point, not, not at all; ne —, not, not at all.
point, *m.* point, matter, degree, state; — du jour, daybreak.
pointe, *f.* point, edge.
politique, *f.* politics.
pompe, *f.* pomp, splendor.
pompeux, -se, pompous, splendid.
populaire, popular.
port, *m.* port, haven.
porte, *f.* door.
porter, carry, bear, proclaim, show, strike, exalt.
portrait, *m.* picture.
poser, place, put, set, postulate.
posséder, possess, win, be master of.
possible, *m.* utmost, best.
pour, for, as, to, in order to; — grand que, however great.
pourquoi, why, wherefore.
poursuite, *f.* pursuit, prosecution.
poursuivre, pursue, prosecute.
pourtant, however, nevertheless.
pousser, push, urge on, utter.
poussière, *f.* dust.
pouvoir, be able, can, may, might, avail; se —, be possible.
pouvoir, *m.* power, utmost, best.
précepte, *m.* precept.
précieux, -se, precious, dear.
précipice, *m.* precipice.
précis, precise.
précisément, precisely.

préférer, prefer.
premier, -ère, first.
prendre, take, seize, catch, get, choose, take up; se — à, attack, blame.
prés, near, near by, closely.
prescrire, prescribe, enjoin.
présent, present; à —, at present.
présenter, present, offer.
présomptueux, -se, presumptuous.
presque, almost.
pressant, urgent.
presser, hurry, press, hasten, urge on.
présumer, presume.
prêt, ready.
prétendre, claim, expect, aspire.
prêter, lend.
prétexte, *m.* pretext.
preuve, *f.* proof.
prévenir, anticipate, warn.
prévoir, foresee.
prier, pray, beg.
princesse, *f.* princess.
principe, *m.* principle.
prise, *f.* hold.
priser, prize.
prisonnier, *m.* prisoner.
priver, deprive.
prix, *m.* price, prize, reward.
probabilité, *f.* probability.
procédé, *m.* proceeding, usage.
proche, near.
prodiguer, lavish.
produire, produce, cause, beget, show.
profond, deep, profound.
promesse, *f.* promise.
promettre, promise; se —, expect.
prompt, sudden, prompt, ready.
promptitude, *f.* suddenness, promptness.
propice, kindly disposed.

propos, *m.* word, occasion; à
—, suitable, opportune; à
quel —, why; mal à —, in-
opportunely.
proposer, propose, offer.
propre, own, very, suitable.
proscrire, proscribe.
protestation, *f.* protest, affirma-
tion.
province, *f.* province, state.
publier, publish, proclaim, de-
clare.
puis, then, next.
puisque, since.
puissance, *f.* power.
puissant, strong, mighty.
punir, punish.
punition, *f.* punishment.
pur, pure, clean.
pureté, *f.* purity.

Q

qualité, *f.* quality, character.
quand, when, whenever,
though.
quant à, as to, as for.
quantité, *f.* many.
quatre, four.
que, what, which, whom, that;
as, than, how, when; since,
in order that; if, but, because; — de, how many,
how much.
quel, –le, what, what a, which.
quelque, some, any; — ...
que, however, whatever.
quelquefois, sometimes.
quelqu'un, some one, some-
body; *pl.* some, a few.
querelle, *f.* quarrel, cause.
quereller, quarrel with; se —,
quarrel.
qui, who, whom, he who, which;
— que, whoever.
quitte, free, quit, clear.
quitter, give up, forsake,
leave.

quoi, what, which; — que,
whatever; de — que, how-
ever.
quoique, although.

R

rabattre, humble, put down.
race, *f.* race, line, descendant.
raconter, relate.
raison, *f.* reason; tirer ma —,
obtain satisfaction.
raisonnable, reasonable, just;
peu —, unreasonable.
rallier, rally.
ramper, crawl along.
rang, *m.* rank, class.
ranger, arrange, form in line,
reduce, subject.
rapport, *m.* report, account.
rapporter, report, recount,
quote, refer.
rarement, rarely.
rassis, calm, composed.
ravager, ravage, lay waste.
ravaler, debase, lower.
ravir, charm, delight, snatch
away.
rebelle, rebellious.
rebeller (se), rebel.
recevoir, receive, accept.
rechercher, seek, seek out.
récit, *m.* account, report, story.
recommander, recommend.
récompense, *f.* recompense, reward.
récompenser, recompense, reward.
reconnaissable, recognizable.
reconnaissance, *f.* gratitude,
acknowledgment.
reconnaître, recognize, ac-
knowledge.
recourir, have recourse.
recours, *m.* recourse.
recouvrir, recover, gain.
reculer, delay, set back.
redevable, obliged, indebted.
redire, repeat, censure.

redoublement, *m.* augmenting.
redoubler, increase.
redoutable, formidable.
redouter, fear, dread.
réduire, reduce, compel.
réfléchir, reflect.
reflux, *m.* ebb.
refus, *m.* refusal, denial.
refuser, refuse, decline.
regagner, regain, win back.
regard, *m.* regard, look, aspect.
regarder, regard, look at, concern.
régir, rule, govern.
règle, *f.* rule.
régler, rule, regulate, control.
régner, rule, reign.
regret, *m.* regret; à —, regretfully.
régulier, -ère, regular, according to rule.
rehausser, heighten, enhance.
rejeter, reject, throw back.
relâcher, give up, relax.
relever, set off, relieve; se —, rise, recover.
remarque, *f.* remark, observation.
remarquer, observe, notice.
remède, *m.* remedy, cure.
remédier, remedy, cure.
remercîment, *m.* thanks.
remettre, put off, intrust, take back, commit, compose, restore, deliver, pardon; s'en — à, leave it to.
rempart, *m.* rampart, bulwark.
remplir, fill again, fill.
remporter, carry off.
renaître, be born again, revive, return.
rencontrer, meet with, encounter, find.
rendre, render, restore, give back, make, offer; se —, surrender, become.
renfort, *m.* reinforcement.
renom, *m.* renown, name.

renommée, *f.* renown, fame.
rentrer, reënter.
renverser, overthrow, destroy, defeat, reverse, frustrate.
renvoi, *m.* dismissal, reference.
répandre, shed, pour.
réparer, repair, mend, retrieve, make amends for.
repentir (se), repent.
repentir, *m.* repentance.
répliquer, reply.
répondre, respond to, answer, agree with, suit; — de, be responsible for.
reporter, bear, bring back, carry.
repos, *m.* repose, rest, peace.
reposer (se), repose, rest, be calm; rely.
repousser, repulse, reject, push back.
reprendre, take back, resume, recover; censure.
représentation, *f.* performance.
représenter, represent.
reproche, *m.* reproach.
reprocher, reproach, upbraid, blame.
réputer, esteem.
résistance, *f.* resistance, hindrance.
résister, resist, oppose.
résoudre, resolve, induce, persuade; se —, resolve, be resolved.
respect, *m.* respect, honor; — de, respect for.
respirer, breathe, live.
ressentiment, *m.* resentment, feeling.
ressentir (se), feel, experience, resent.
ressusciter, resuscitate, revive.
reste, *m.* rest, remainder; au —, besides, moreover, however.
rester, remain, be left.

retenir, retain, keep back, restrain.

retirer, draw back, withdraw, rescue; **se —,** withdraw, retreat.

retour, *m.* return; **de —,** in return.

retourner, return.

retraite, *f.* retreat; **faire —,** retreat.

retrouver, find again, recover.

réussir, succeed.

revanche, *f.* retaliation.

revancher, avenge; **se —,** recompense for.

revenir, return, come back.

rêverie, *f.* reverie.

revers, *m.* reverse.

revivre, revive.

révolter, revolt, rebel.

révoquer, revoke.

richesse, *f.* riches.

ride, *f.* wrinkle.

rien, *m.* nothing; **ne . . . —,** nothing.

rigoureux, -se, severe, strict.

rigueur, *f.* rigor, severity, harshness.

roi, *m.* king.

rôle, *m.* part, rôle.

roman, *m.* romance.

romance, *m.* (*in Corneille*) ballad.

rompre, break, interrupt, destroy.

rougir, redden, blush, grow red.

royaume, *m.* kingdom, realm.

rude, rough, hard.

rue, *f.* street.

ruine, *f.* ruin.

ruiner, ruin, destroy.

ruisseau, *m.* stream, brook.

S

sacré, sacred, holy.

sainement, wisely, discreetly.

saint, holy, sacred.

salaire, *m.* reward.

salut, *m.* safety.

sang, *m.* blood, family, offspring.

sanglant, bleeding, bloody.

sans, without, but for; **— que,** without.

satisfaction, *f.* satisfaction, reparation.

satisfaire, satisfy, give satisfaction.

sauver, save, rescue.

savoir, know, know how, learn, be able; **faire —,** inform.

scène, *f.* scene, stage.

sceptre, *m.* scepter.

scruple, *m.* scruple, compunction, reluctance.

sécher, dry, dry up.

secourir, aid, succor.

secours, *m.* aid, help.

secret, *m.* secrecy.

séduire, beguile, mislead, charm.

seigneur, *m.* lord.

selon, according to.

sembler, seem.

semer, scatter, sow, strew.

sens, *m.* sense, feeling, meaning, direction.

sensible, sensitive, responsive, sympathetic.

sensiblement, really, literally.

sentiment, *m.* feeling, opinion.

sentir, feel, perceive, smack of.

séparer, separate, divide.

sept, seven.

servir, serve, be of service; **— de,** serve as.

serviteur, *m.* servant.

seul, alone, only, sole, single, mere.

seulement, only, solely, merely, even.

sévère, harsh, severe.

sévérité, *f.* severity.

Séville, *f.* Seville (*city of Andalusia*).

si, if, whether.

si, so, such; un —, such a.
siècle, *m.* century, age.
siège, *m.* siege, seat.
sien, -ne, his, her, its.
signaler, signalize, make eminent.
signe, *m.* sign.
simple, mere, simple.
simplement, simply.
sincère, sincere.
sinon, if not, unless.
sire, *m.* sire, sir.
sitôt, so soon; — que, as soon as.
sœur, *f.* sister.
soi, oneself.
soin, *m.* care, trouble, notice; avoir —, take care, attend.
soir, *m.* evening.
soit; — . . . —, whether . . . or.
soldat, *m.* soldier.
solliciter, solicit, plead with.
sombre, somber, dark.
songer, think, dream.
sonner, sound, ring; faire —, extol.
sort, *m.* fate, fortune, lot.
sorte, *f.* sort, kind, manner; de la —, in this way; de — que, so that.
sortir, go out, come out, depart, spring; — de, deviate from.
souci, *m.* care, anxiety.
soudain, sudden; suddenly.
soufflet, *m.* slap, buffet.
souffrir, suffer, endure, allow, admit.
souhait, *m.* wish, desire.
souhaiter, wish, desire, wish for.
soulager, solace, lighten, comfort.
soumission, *f.* submission, compliance.
soupçon, *m.* suspicion.
soupir, *m.* sigh.

soupirer, sigh, long for.
source, *f.* source, origin.
sous, under, beneath.
soutenir, sustain, uphold, bear up.
soutien, *m.* support, prop.
souvenir (se), remember, recall.
souvenir, *m.* memory, remembrance.
souvent, often.
souverain, sovereign, supreme.
spectacle, *m.* sight, show.
spectateur, *m.* spectator.
spirituel, -le, clever, witty.
stérile, idle.
stratagème, *m.* stratagem.
stupide, stupid.
subjuguer, subjugate, subdue.
suborneur, -se, suborning, enticing.
succès, *m.* outcome, result.
succomber, succumb, fall.
suffire, be enough, suffice.
suffisant, sufficient, enough.
suffrage, *m.* support, favor.
suite, *f.* suite, retinue, consequence, result; de —, in succession.
suivant, according to.
suivre, follow, attend, accompany.
sujet, *m.* subject, cause, reason, plot, occasion.
superflu, superfluous.
suppléer, supply, supplement.
supplice, *m.* torture, punishment.
suprême, supreme.
sur, on, over, upon, from, by, to, about, after; — l'heure, at once.
sûr, sure, certain, secure; mal —, uncertain.
sûrement, surely.
surmonter, overcome, surmount.
surplus, *m.*; au —, moreover.
surprendre, surprise, beguile.

surprise, *f.* surprise, confusion.
surtout, especially, above all.
survenir, arise, arrive, happen along.
survivre, survive, outlive.

T

tache, *f.* spot, fault, blemish.
tacher, spot, sully.
tâcher, try.
taire (se), be silent.
tant, so, so much, so many, so long; — de, so many; — que, so long as, until.
tantôt, just now, presently, now.
tard, late.
tarder, delay.
tarir, dry up, remove.
taxer, tax, accuse.
teindre, stain, tinge.
teinture, *f.* color, tinge.
tel, –le, such; un —, such a.
téméraire, rash, presumptuous.
témérité, *f.* rashness.
témoignage, *m.* witness, testimony.
témoigner, testify, bear witness, show.
témoin, *m.* witness.
tempête, *f.* tempest, storm.
temps, *m.* time; en même —, at the same time.
tendresse, *f.* tenderness.
ténèbres, *f. pl.* darkness.
tenir, hold, keep, have, take, receive, get.
terme, *m.* limit, end.
terminer, terminate, end.
ternir, tarnish, stain.
terre, *f.* earth, land, ground; contre —, on the ground.
terreur, *f.* terror, fear.
tête, *f.* head, leader.
texte, *m.* text.
théâtre, *m.* theater, stage
tien, –ne, thine.
tiers, *m.* third.

tirer, draw, pull, exact, get.
tissu, *m.* series, succession.
titre, *m.* title.
Tolède, *f.* Toledo (*city of central Spain*).
tolérer, tolerate.
tombeau, *m.* tomb.
tomber, fall, drop.
tort, *m.* wrong; avoir —, be wrong.
tôt, soon.
touchant, touching, affecting.
toucher, touch, concern, affect.
toujours, always, ever.
tour, *m.* turn; à son —, in one's turn.
tourment, *m.* torment, pain.
tourmenter, torment.
tourner, turn.
tout, all, wholly, entirely; du —, at all.
toutefois, however.
traduction, *f.* translation.
traduire, translate.
tragédie, *f.* tragedy.
tragique, tragic.
trahir, betray, deceive, baffle.
traîner, protract, prolong.
trait, *m.* dart, stroke, feature, impulse.
traité, *m.* treatise.
traiter, treat; — de, treat as.
traître, –sse, *m. f.* traitor; en —, treacherously.
trame, *f.* thread, woof.
trancher, cut short, interrupt.
tranquille, tranquil.
transport, *m.* rapture.
travail, *m.* toil, labor.
travailler, work, toil; se —, strive.
trembler, tremble.
tremper, dip, steep.
trente, thirty.
trépas, *m.* death, end.
triomphant, triumphant.
triompher, triumph.
triste, sad.

tristesse, *f.* sadness, sorrow.
trois, three.
troisième, third.
tromper, deceive; se —, be mistaken.
trompeur, -se, deceitful, delusive, false.
trône, *m.* throne.
trop, too, only too, too often; — de, too much, too many.
trophée, *m.* trophy.
trouble, *m.* trouble, distress.
troubler, trouble, agitate, distract; se —, be agitated.
troupe, *f.* troop, band.
trouver, find, seek; se —, be.
tuer, kill, slay.
tumulte, *m.* tumult.
tutélaire, tutelary, guardian.
tyran, *m.* tyrant.
tyrannie, *f.* tyranny.
tyrannique, tyrannical.

U

un, a, an; one.
unique, only, sole.
unir, unite, join.
unité, *f.* unity.
usage, *m.* usage, custom.
user, wear out, use up; — de, make use of, use.
utilement, with utility.

V

vaillamment, valiantly.
vaillance, *f.* valor, worth.
vaillant, valiant; valiant man.
vain, vain, proud, useless.
vaincre, conquer, overcome.
vainqueur, *m.* conqueror, victor.
vaisseau, *m.* vessel.
valable, valid.
valeur, *f.* valor, worth.
valeureux, -se, valorous, valiant.
valoir, be worth; — mieux, be better.

vanité, *f.* vanity, pride.
vanter, boast, extol, vaunt, praise.
veiller, watch, keep watch; — pour, watch over.
vendre, sell; — bien, sell dearly.
venger, avenge; se —, take vengeance.
venir, come, proceed, happen; — de, have just.
véritable, veritable, real, true.
véritablement, really.
vérité, *f.* truth.
vers, toward, to.
vers, *m.* verse, line.
verser, shed, spill.
vertu, *f.* virtue, valor, honor, courage.
vertueux, -se, virtuous, courageous.
vêtement, *m.* garment, dress.
victime, *f.* victim.
victoire, *f.* victory.
victorieux, -se, victorious.
vie, *f.* life; mourante —, lingering life.
vieillard, *m.* old man.
vieillesse, *f.* old age.
vieux, vieil, vieille, old, aged.
vif, -ve, lively, intense, keen.
vigoureux, -se, vigorous.
vigueur, *f.* vigor, strength.
ville, *f.* city.
vingt, twenty.
visage, *m.* face, aspect, countenance; remettre son —, compose oneself.
visible, evident, clear.
visite, *f.* visit.
vite, quickly.
vivant, living, alive, lively.
vivre, live, be alive; — de, live on.
vœu, *m.* wish, prayer.
voici, see here, here is, here are, this is, these are.
voie, *f.* way, means.

voilà, see there, there is, there are, behold, that is, those are.

voile, *m.* veil; *f.* sail.

voir, see, look upon, watch; faire —, show.

voix, *f.* voice, vote.

voler, fly, hasten.

volontaire, voluntary.

volonté, *f.* will, wish.

votre, vos, your.

vôtre, yours.

vouloir, wish, will, be willing, require, desire; — bien, be willing; — dire, mean; en — à, aim at.

vouloir, *m.* will.

vrai, true, real.

vraisemblance, *f.* probability.

vue, *f.* View, sight.

Y

y, there, here, in it; il — va it concerns, is at stake.

Z

zèle, *m.* zeal, ardor.

zélé, zealous, ardent.

CPSIA information can be obtained
at www.ICGtesting.com
Printed in the USA
LVHW08s1425130818
586826LV00019B/1017/P